博客思出版社

心理研究6

戰亂與和平都從「我」開始

心理學家從身心保健、墨子兼愛、
善意溝通談維持平和和平

林明傑 著

Both war and peace start with "Me"——
A Psychologist talks about how to achieve
internal and external peace from physical
and mental health care, Mozi's Universal
love, and Non-violent communication

目　次

序文

透過四關鍵，再造成功經驗

作者序

本書原本預計 2022 年初出版，2022 年 2 月底俄羅斯攻擊烏克蘭，俄羅斯稱此舉的目標是「使烏克蘭非軍事化和去納粹化」？雖難理解，但和平已再面臨挑戰。

2022 年北台灣發生 26 位求職者被綁手腳餵藥強迫提款或辦詐騙帳戶，已死三人，人心敗壞至極。

和平很難嗎？和平行為很難嗎？長久維持和平與內心平和很難嗎？

這三個議題是本書想要解答的問題。筆者是從事輔導家暴者、性侵者、及成癮者的社工師與諮商心理師達三十年，近五年體悟出理解人類行為並不複雜，經整理所有經長期驗證的學理而提出「人類行為 4 關鍵」，4 關鍵各約占形成偏差行為原因的 1/4。人類行為 4 關鍵各是悶來的（主張行為者有過去的不舒服經驗會促發為某行為之動機）、學來的（主張行為者從親友處或別處學到某行為是否可做）、想來的（主張行為者必有贊成某行為之想法後就會行動）、神經營養不足或生理失常來的（英國荷蘭美國之研究證實營養補充可降低偏差行為達 1/3 到 1/2）。筆者曾根據此成功輔導多位困難輔導的家暴性侵輔導的個案，在 1995 年起中央支持下試辦嘉

義縣市危險分級試辦方案，以評估量表區分高中低致命危險後做高中低密度的監督與訪視或治療，五年間成功每年平均降低 0.8% 的通報數，而同期間全國每年增加約 10%。2000 全國開辦後，全國也開始平均降低 0.8% 直到 2019 年疫情前（詳見拙著《家庭暴力的全貌與防治》之 364 頁，或搜尋危險分級試辦方案，也詳見本書 108 頁起三個案例）。2023 年初之性侵再犯率檢視研究也證實嘉義縣是本島各縣市最低。

也因以上之輔導與政策經驗而漸漸知道人心偏差的關鍵問題在於沒有穩定安全感的幼年、沒能學到正面的行為、沒認真想出該有怎樣的正面想法、再來就是沒有足夠協助穩定情緒及行為的營養。這四個常缺一不可，常因長期不穩定而開始產生偏差行為、精神不穩、暴力、或戰爭。但解決方式卻分散在各學門，導致少能提出整合策略。

於是筆者自省到底人類可以怎樣開始找出人類的長期目標與做出和平行為。也藉出版此書開始整理從心理學的行為原理與溝通知能，再到收集世界的和平故事與合理及穩定人心的政治制度與經濟分配，再從宗教選擇與教育政策，最後到人類該怎樣齊力提升身心靈到理想世界。

要否和平的想法上，人類終究需在大愛、小愛、與自私做一選擇。大愛是愛人不分親疏，小愛是愛人先親後疏，自私是只愛自己不管親疏。人類在資源分配上如果只都先想到要給親人與自己，也必須先承認自己不認識的人比較多，這

樣的結果必然是每個人都會搶資源給自己與親友而不顧不認識的人。如果人人都如此，不認識的人幹嘛顧慮你及你的親人，因為他們也可用你「先給親友」的想法，那最後當然是社會中有暴力，國家間有戰爭。

正因如此，筆者開始省思儒家與墨家的核心差別，就在於他們各主張小愛與大愛。但儒家是否真的算小愛嗎？孔子曾說「夫仁者，己欲立而立人，己欲達而達人」，這確有大愛想法，但怎麼到了孟子就提出「親親而仁民，仁民而愛物」明顯具親疏有別的想法。筆者再參考了「禮記禮運大同篇與小康篇」，當下恍然大悟，原來孔子的理想世界是大同世界，也認為該推展「不獨親其親，不獨子其子」的大愛。只是在小康篇中明講，在當時「天下為家」的封建世襲帝制下，只能推展「各親其親，各子其子」的小愛。釐清之後，筆者鼓勵華人別再拿孔子當藉口而貪戀小愛了，畢竟孔子本意非此。書中也有詳述。

海內外人士，不分宗教、種族、國籍，都該開始省思「大愛與小愛自私上，您選擇了哪個？」在您與眾人做完選擇後，就會各應驗出現在當下世界與未來世界該是和平與不和平，內心是平和與不平和了。

所以，您的腦中對大愛與小愛自私的選擇想法對您會在哪個世界握有很關鍵一票。您準備好選擇了嗎？或者看看本書該怎麼選擇您與您家族親友的未來。期待這本書可給您及親友一個參考與指引。

哲學與科學兼具，思辯與實證並重

黃富源序

刑事司法博士、前警大教授、前行政院人事長、銘傳大學講座教授兼社會科學院院長

　　戰爭與和平都從「我」開始，以這樣的標題式敘訴為書名，大多數的人都可能認為是一本有關哲學的作品，在仔細讀過這本書的內容後，才驚覺這是一本哲學與科學兼具，思辯與實證並重的有趣著作。

　　作者林明傑博士，是一位博學多聞、通達古今的優秀學者，早年鑽研社會學深澈探究社會結構，留美期間專攻心理學與犯罪學，對人類變異行為與社會偏差行為鑽研通透，回國後一方面教學，一方面研究，一方面從事實務，終能將法學、社會科學溶入科際整合的大熔爐裏，亦有進者，仍自覺不足，更考入生理營養領域的專業域中取得學位，認識林教授近四十年，知道他沒有一天不在讀書、研究和心念天下！

　　《戰爭與和平都從「我」開始》這本書，以人類破壞暴力行為的發生為起點，從東西方世界的歷史為經緯，開宗明義即點出，渴望和平的人類，在漫長的 3450 年歷史裏卻僅有

百分之 7.7 的時間－ 268 年沒有戰爭。批判犯罪學家對於人類的集體暴力與個人暴力行為，也因此大聲疾呼地提出和平創建犯罪學的主張，然而理論性的想法，終究是一種孤芳自賞的想法，難以落實，也無濟於事！

不過，令人可喜的是林明傑教授在這本書中，提出所謂的無論人類的和平行為或不和平行為，其形成都有四個關鍵，即「悶來的」、「學來的」、「想來的」，和「神經營養不足或生理異常來的」，非常大膽也非常有創意，有所根據也言之成理，讓人讀來欲罷不能！

如前所述，這本書是跨科際的著作，深讀之後，也發現是一本跨文化的研究，林教授對先秦諸子的學說，尤其是儒家與墨家的思想，在人類友善、互助行為與自私殘害行為，以其熟讀墨子與論語的深厚學養，都做了一番整理，向來重儒輕墨的華人社會，應該可以從這本著作中得到前所未有的心得與經驗。

最後，要特別說明的，這是一本前瞻性的作品，但是卻有細緻具體的建議，從個人到社會、到國家、到世界。都提出的可行的建議，甚至於還提供研究的工具以供評量，墨子說：「名不徒生而譽不自長，功成名遂」；令人佩服，爰於本書出版前夕，恭以為序！

兼相愛，交相利的人己關係

王麗容
台灣大學社會工作系教授

林明傑教授是我多年在社工界的好友，曾一起寫研究案與組團參加美國的研討會，是知名的家暴與性侵害的矯正政策與犯罪者諮商專家。他研發的家暴與性侵害危險評估量表都是國內的重要工具。他是國內少見能橫跨社會工作與諮商心理的學者。

林教授邀我寫序，沒想到一看書名是《戰亂與和平都從「我」開始：心理學家從身心保健、墨子兼愛、善意溝通談維持平和和平》發現他已經超脫社會工作與諮商的範圍到成癮者的自然醫學、營養保健，甚至再到倡導墨子兼愛與善意溝通以達到人類能夠普及和平行為，從微觀的營養、生理、成癮、暴力成因的診療到宏觀的和平學與和平案例倡導，他嘗試找出人類社會的貧病罪亂在個人的根源與歷史上的脈絡，提醒每個人未來人類的發展是福是禍就在每人手中。他引墨子的話「亂自何起，起不相愛……唯有『兼相愛，交相利』以易之」認為只要人類無法改掉偏愛家人，就會有戰亂，而只有等漸漸多人能接受平等愛人，社會的戰亂才會漸漸消除。

　　本書中舉出很多個人、社會、經濟、國家趨近和平的成
敗案例，對讀者當如暮鼓晨鐘，清醒的人當能知道怎樣趨吉
避凶，不使禍延子孫。也期待讀者能發揮力量分享親友讓更
多人知道只有平等互愛且互利的「兼愛互利」才能改善人類
趨惡的命運。

　　因林教授誠心邀我寫序，我欣然允之，也謝謝他的邀請，
讓我能分享心得。

和諧人際、淑世善民

徐西森

高雄師範大學諮商心理與復健諮商研究所教授

臺灣諮商心理學會理事長（2010-2012/2020-2022）

　　林明傑教授是諮商界少數專攻犯罪人心理與諮商輔導專長的學者，他在家庭暴力與性侵害加害人評估與治療等領域，廣為人知且桃李天下。我擔任臺灣諮商心理學會第七屆理事長期間（2020.11-2022.11），林教授為本學會公共事務與政策委員會主任委員，積極參與會務並規劃辦理司法諮商研習班等課程講座，讓諮商界的學者和工作者有機會充實相關知識能力。

　　林教授新作《戰亂與和平都從「我」開始》一書邀請寫序，我有幸先拜讀大作。林教授博學多聞，除前揭專長之外，對自然醫學、營養學、哲學史學亦有涉獵，將改善犯罪人的評估與輔導知識拓展到和諧人際、淑世善民。林教授在本書推展墨子的兼愛思想與善意溝通，值得從政者、學者專家和社會大眾閱讀，使華人及世人在身心發展上，能進一步實踐平等愛人與善意溝通，讓更多人能互愛與互利，避免戰亂而邁向和平。

悲天憫人的和平心理學

蔡育岱序
國立中正大學戰略暨國際事務研究所教授兼所長

　　林老師是一位很特別的學者，擁有博士學位，身兼教授外又有諮商心理師、社會工作師等多重身份，又來本系修客製化的「和平心理學研究所學程」且修我幾門課而更加一層認識。渠為人謙和、至情至性，情感豐富，率性而為，從認識林老師以來，知悉其工作責任與專業使然、悲天憫人，處處探討和平的概念，人類要如何追求和平？避免戰爭與暴力？實足讓我打從心裡敬佩，今日欣聞其傾力之作完成，請我貢獻數言錦上添花，實在樂意之至。

　　本書共分兩篇 11 章（含結論），林老師試著從層次的視角分析：個人、家庭、社會、國家、世界。以心理學的行為、原理、知覺、溝通，再到世界和平故事與政治制度與經濟分配，其中涉及宗教選擇與教育政策探究，到人類該怎樣戮力提升自我心靈到理想世界，最後做出戰爭與和平需從「我」自身開始。本書其實亦是作者經驗研究的實踐，林老師從事輔導家暴者、性侵者、及成癮者的社工師與治療師達三十年，具有濃厚策略規劃與問題解決能力，強調互愛共利、兼愛為

抗暴唯一途逕，從本書「第一篇方向篇」指引讀者與省思，再到「第二篇作法篇」讓讀者規劃自己身心靈藍圖，最後如何協助他者，提供了和平解決之道。在自我平和下，到家庭、社會國家的互愛共利，最終達到世界的兼愛與和平，可以說道盡作者畢生志業，是興趣也使命。本書闡發著「和平、兼愛」的宏旨，以使學界多蒙教益，本人大力推薦。

心念眾生　懷抱世界和平大願

張錦麗序
新北市社會局局長

　　認識明傑多年，他不僅是個多方學習不倦的教授；也是個永不放棄的輔導與治療專家，此外他更一直是個「先天下之憂而憂」的人！總希望能為國家社會多做點什麼，以改善人類的生活與命運！

　　對很多人而言，世界和平，是一個遙遠又不可及的夢想，雖然此話常是祈福或生日祝願中的重要念想，然而從有歷史以來，戰爭人禍，就沒有斷過，最近的烏俄戰爭，更是無法止歇，明傑試著整合他過去的輔導經驗與勤勉所學，期望給所有關心世界和平的人，一個答案，一個努力的方向，甚至是一個可具體達成的步驟，這是他這本書的宏願！

　　首先他強調，「一切戰亂與和平的開端都是從我開始」，也因此「已欲立而立人、已欲達而達人」，自我的管理是首要，他從四個人類非常複雜的行為面向，簡單而精微的論述是悶來的、學來的、想來的以及營養不足與生理失常，這樣的描述兼顧各方的理論但又容易理解，十分有趣！

其次他再從人際、政治、宗教與教育多元的面向，闡述如何從人心的提升到各種不同理論的比較與理想制度擘畫，並以宗教靈性與從小教育的強化，鞏固個人大愛的善念善行，如此世界和平終有機會觸及！

我個人十分佩服這樣的論點與方法，儘管能找出與規劃最佳的政治制度與創建友善的社會環境，然而如何避免人性的沈淪與腐化，宗教信仰與道德教育的深耕仍是具有更大的能量與影響力！

願此本書獻給所有心念眾生與懷抱世界和平大願的好友，並且也力行所有通往此道的途徑，相信世界和平將不只是個念想而已！

心理學家從身心保健、墨子兼愛、善意溝通談維持平和和平

第一篇

方向篇：我們在哪？

　　　　未來想去哪？

　　　　能開始互愛共利嗎？

第 1 章

人人愛和平，為何做不到？

　　歷史學家杜蘭夫婦在 1960 年代的鉅著「The Lessons of History（中文書名為：讀歷史，我可以學會什麼？）」一書中稱自人類有文字以來的 3450 年中只有 268 年沒有戰爭（Durant & Durant, 2016）。[1] 也就是人類有文字以來約只有 7.7% 的年份是和平，我們人類是該悲哀、無奈、無感、還是苦笑？

　　關於此，我們選擇繼續無感，還是選擇改變？這答案的選擇，會影響您家、您子孫、甚至我們現今的社會，甚至地球或宇宙的未來。

　　聯合國毒品和犯罪問題辦公室（United Nations Office on

1　Durant, W. & Durant, A.（2011），《讀歷史，我可以學會什麼？》（The Lessons of History），吳墨翻譯 台北：大是文化。

Drugs and Crime，簡稱 UNODC）於 2018 年 11 月 25 日「消除對婦女暴力國際日」公佈全球報告，呼籲各國政府應重視各種形式的性別暴力，該報告提出 2017 年全球有 87,000 名女性遭到故意殺害[2]。其中，約 58% 的女性是死於親密伴侶或家庭成員的手中，這警示了對女性而言，家中竟比家外更危險。反觀近十年台灣的家庭暴力通報的統計，從 2002 年的 6 萬多件到 2020 年的 12 萬多件。

關於此，我們選擇繼續無感，還是選擇改變？你的回答是什麼？

若願意改變，要改變什麼？

但請大家先想想：是社會影響人心，還是人心影響社會？

本書作者涉獵人文思想、社會科學、自然科學，從心理學、社會學、政治學、生理學、營養學等找出「代代幸福、永遠和平」的方法，提供給關心自家、社區、社會、國家、甚至世界的您，一起積極找出改善您家子孫與人類未來的福祉。

一、和平是什麼？和平學又是什麼？

教育部重編國語辭典修訂本中「和平」是指安寧（指心

2　卓雅苹（2019），〈親密暴力的危險地帶：從聯合國報告看台灣性別暴力現況〉，關鍵評論 https://www.thenewslens.com/article/111572。

中感覺）、沒有戰爭的狀態、溫和（指藥性）[3]。而牛津網路字典也指出「和平」是沒有戰爭的狀態（指國家、種族間）、安寧（指心中感覺）、沒爭執的狀態（指人際間）。[4]

研究和平的一門學問，最早被稱為和平研究（peace studies，以挪威為主，並成立研究機構），也稱為和平與衝突研究（Peace and conflict studies，以美國為主），比利時學者 Wemer 建議稱和平學（irenology, irene 是希臘和平女神）。這門學問是社會科學裡的一門跨領域學科。以解決國際衝突與實現世界和平的秩序為目標，希望用科學的方法研究達成世界和平價值的方法及條件。和平學為一門跨政治學、社會學、經濟學、人類學以及心理學等的應用學科，新興於第二次世界大戰後的西方。

二、和平重要嗎？為何要發展和平？

和平的反面就是戰爭與衝突。而戰爭總會造成傷亡，衝突不論輸贏總會造成積怨。因此，當有人說出「戰爭沒有贏家，和平沒有輸家」，很容易讓人理解與支持。

如前所述歷史學家杜蘭夫婦稱自人類有文字以來，只有

3　http://dict.revised.moe.edu.tw/cbdic。

4　www.oxfordlearnersdictionaries.com。

7.7% 的年份之中人類是和平的。

但戰爭怎麼來？

很簡單，戰爭是史前時期中人類是群居生活，常為食物和獵場而發展出不同族群間的衝突解決方法。十八世紀西方兵聖普魯士人克勞塞維茲為戰爭下的定義為：「如同個人決鬥，是打倒敵人、使敵人屈服我方意志的暴力行為。且認為戰爭是政治的延續」。可看出，人類在有歷史以後則增加戰爭的目的，不只在於食物，也增加了政治目的，如從屬關係、敵對關係、結盟關係等。

歷史上死亡人數最多的戰爭是第二次世界大戰，死亡人數約在 7,500 萬，而第一次大戰則排序第六，死亡人數約在 2,000 萬。

華人歷史中 13 世紀的蒙古西征死亡約 5,000 萬，二世紀之三國征戰死亡人數約 3,500 萬人分屬世界第二與第三名，而明清戰爭、清朝太平天國、抗日戰爭均達兩千萬人也在八名內。以下詳列出死亡人數前十名的人類戰爭。[5] 看清楚嗎？十場死亡人最多的人類戰爭，在華人就佔七場了。

5　White, Matthew.（2012）. Atrocities: The 100 Deadliest Episodes in Human History. New York, NY: W. W. Norton.

1．7,500 萬：第二次世界大戰。

2．4,000 萬到 6,500 萬：蒙古征戰（13 世紀，參見蒙古人西征）。

3．3,600 萬到 4,000 萬：魏蜀吳三國戰爭（184 年－ 280 年）。

4．2,800 萬：德蘇戰爭（第二次世界大戰的一部分，1941 年－ 1945 年）。

5．2,500 萬：明清戰爭（1616 年－ 1662 年）。

6．2,000 萬：第一次世界大戰（1914 年－ 1918 年）。

7．2,000 萬：太平天國及撚軍同清朝及英法聯軍的戰爭（中國清代，1850 年－ 1872 年）。

8．2,000 萬：中國抗日戰爭（第二次世界大戰的一部分，1937 年－ 1945 年）。

9．1,600 萬：川楚教亂（中國清代，1794 年－ 1804 年）。

10．1,300 萬：安史之亂（中國唐代，755 年－ 763 年）。

美國諾貝爾化學獎教授斯莫利（R. E. Smalley）在 2003 年將戰爭列為接下來 50 年間，人類需面臨十大問題中的第 6 個。十個排序如下：能源、水、食物、環境、貧窮、恐怖主義與戰爭、疾病、教育、民主、人口。

三、人類嚮往和平嗎？

唐末詩人曹松有感於唐末的征戰連連，在《己亥歲感事》寫下一手後段尤其流傳千古的詩。

> 澤國江山入戰圖，生民何計樂樵蘇。
>
> 憑君莫話封侯事，一將功成萬骨枯。

其白話文如下：

大片的江山都已劃入戰圖，百姓以打柴割草來謀生也難。請別再提封侯的事了，一位將領的成就大功是要犧牲多少士兵的生命呀！

四、人類不和平的最大問題在哪？

1. 社會神經學家確認人類最大的問題就是區分異己

美國史丹福大學生物暨神經學教授薩波斯基（Robert Saposky）2016 年著作《行為》，從不同角度剖析人類行為，從基本生物學到內分泌，到神經科學、心理學、社會學、演化學等每一個面向。他先檢視究竟是什麼造就了人類行為，他從前一秒的神經衝動、與前幾秒的意識，一個階段一個階段往前追溯，最終追溯到人類更深的文化、歷史、和基因遺傳。他提出比起個人因素更大的種種影響因素，就是文化如

何形塑群體意識，哪些生態因素又形塑文化，他匯總各類原因之後暸解人類的行為如何被創造出來。

最後，他發現人類最糟的問題就是區分異己，也就是區分我群和他群。對於區分後為我群的人我們會做出最好的是如同理、諒解，但對區分後分為他群的人我們會做出歧視、霸凌、暴力。他認為，人類歷史上的戰爭、大屠殺與迫害等等，幾乎都源自於此。簡單來說就是「自私造成霸凌、暴力、與戰爭」。此部分若一直未能進化或昇華，則人類將一直在戰亂循環不已當中。

但這種區分異己的心理要如何治呢？薩伯斯基表示我們最糟的行為，如衝突與戰爭，是生物性的產物，它們是爭取食物與獲取權力的保證手段。但他也說同樣探索的模式也適用於理解我們最好的行為，是社會性的行為，如互助，透過互助。而若真要避免讓傷害再次發生，最好的作法就是從歷史學習並拿出人性的善良面去抑制人類的邪惡面（吳艾譯，2019）。

圖 1-1　薩波斯基（Robert Saposky）《行為》的 TED 演講（有中文翻譯）資料來源：youtube。

2. 社會神經學家證實人腦期待連結與和諧

美國社會神經學家利伯曼（Matthew Lieberman）2016 年著作《社交天性》以實驗證實人類有 3 種社交天性，**即期待連結、心智解讀和追求和諧**。他證實人類有超大比例的大腦及需要至少十五年的養育期而需要互賴的家庭與社會，也期待連結與和諧而非獨大與競爭。最後他根據動物的大腦演化史[6]，提出爬蟲類動物因只有腦幹而多追求食物與生存，哺乳類動物開始增加邊緣系統而始有社會連結的習性、靈長類動物已有前額葉及其中的鏡像神經元而開始能做模仿，但只有人類有更大的前額葉而有鏡像神經元與心智化系統。前者可模仿行為，後者可推理該行為背後的動機與慾望，使能做更多複雜思考與理解他人。其實驗發現人類會將簡單的符號之間的動態互動給予擬人化意義來詮釋。且嬰幼兒的實驗發現

6　Paul MacLean 於 1960 年代提出三位一體的大腦說（triune brain）。

具社會性的心智系統比自我意識更早發展，顯示人類的人性會期待互助並追求和諧且做出相關決定，而不會只以自己的利益為出發點。實驗也發現只要放上鏡子，人類的偷竊與作弊就會少掉九成，推論是人類看到鏡中的自己會比其他動物促發更多的自我控制以做出符合社會的行為，這代表人的自我意識中有一部分是社會化的集體意識。

綜合以上，利伯曼期待人類應開始集體來重視並創造更和諧互助的社會，從家庭、學校、社區、國家都開始來做互助的事，讓人類生活可有更多與永久的和諧習慣，而非只是追求金錢與地位。

圖 1-2　利伯曼（Matthew Lieberman），《社交天性》的 TED 演講（有中文翻譯）資料來源：youtube。

3. 細胞生物學教授發現決定細胞生命的關鍵，不是基因，而是細胞對環境的「感知」

立普頓（Bruce Lipton）寫一本《意念的力量》，他是世界知名的細胞生物學家，畢生都在觀察與研究細胞的生理和行為控制。有一次在觀察顯微鏡下的培養皿時，他赫然發現，決定細胞生命的關鍵，不是基因，而是細胞對環境的「感知」。他稱這些具有操控力的感知為「信念」，並確認是信念操控生命。他發現只有不到10%的疾病是因蛋白質或基因出問題，但90%的疾病問題在哪？他發現是生物間傳遞的訊號出問題，而這會有三類來源，就是創傷、環境毒素、信念。這各會是物理性傷害、化學性傷害、與情緒性傷害。並認為信念的情緒傷害影響最大，只是面對壓力可以分為正面與負面心態兩類，怎樣面對壓力的心態就是信念，常保正面想法就會是正面壓力，能讓人更能積極面對壓力，反之則越顯低落甚至凋亡。也提出單細胞生物與多細胞生物的運作對比是單細胞生物不會分工合作，且單細胞的功能較多以符合生存，但多細胞生物的各細胞間會分工合作，各單一細胞的功能較少但集合起來較能應付更複雜的環境使自己生存。這也證明是為生存而有合作的信念。

物理學家陳國鎮在該書的推薦序寫立普頓，跳脫窠臼思潮的困惑，體悟到生命更寬廣的本能和更正確的醫學面相，這不僅要有勇氣，也需要有智慧的洞見，更要有博愛的仁心。

恍然大悟之後，他想彌補現代人沒有心靈的生活，因為他知道全球無論是自然或人文環境的惡質化，元兇出在人類忘失了靈性的無所不在，以及生命和宇宙萬物是互補的受體；在貪婪的攫取過程中，切斷了彼此的緊密聯繫。提出只有人類反思並且積極合作才能共創美好未來。

靈性導師開講系列 | Bruce Lipton PhD(布魯斯·立普頓 博士) -
淺談壓力與疾病的關係

圖 1-3　立普頓（Bruce Lipton）的演講（有中文翻譯字幕）
資料來源：youtube。

4.「尊重自己與尊重別人，哪個重要？」

2017 年筆者一位擔任警察的姻親半開玩笑的責備「社會變得越來越自私，為何犯罪防治系沒能改善這現象？」被激發後，筆者近年來確實一直想此議題的原因及想出解方。直到 2022 年起筆者在性侵者與家暴者的團體治療時都增討論「性侵害或家庭暴力算不算是自私的行為？怎麼說？」以及「尊重自己與尊重別人，哪個重要？」

性侵害團體中，明顯地參加輔導超過一年者都回答「算，因為只顧到自己的需要，沒顧到性侵會嚴重傷害別人」而參

加輔導未超過半年者回答「不算，因為每個人都會自私」。大家很快就可敏感到後者的再犯危險高於前者，因為後者不認為自私是錯的，更合理化自私是每個人都有。再次面對潛在危險情境下哪個會再次下手呢？當然會是後者。

筆者再問「尊重自己與尊重別人，哪個重要？或一樣重要？」前者都說一樣重要，因為如果能一樣重要就不會去性侵害別人，而後者都說自己重要，並說只有學會尊重自己才能學會尊重別人。我問「那該何時學會尊重別人？」，後者都無語。有的說只有靠來參加團體治療的時候才能學到，我說那不是太慢了嗎。

家暴者團體中，我也問同樣的問題。兩種答案也幾乎相同。但可看出優先顧自己的人，他的再犯率就會高出很多。

筆者也發現近三十年來社會的價值觀已經變壞，變得越來越自私，但苦在不知如何找到關鍵主題。藉此而找到似乎在「尊重自己與尊重別人，哪個重要？」上，漸生偏誤而不自知。

為此再問兩位社會科學的女大學教授「尊重自己與尊重別人，哪個重要？及怎麼說？」均答：「應該是尊重自己，因為要先學會尊重自己才能學會尊重別人」、「那何時才學會尊重別人？」無語……「性侵害算不算是自私的行為？怎麼說？」、「算，因為不尊重別人」、「那該何時教尊重別

人？」……無語。

　　至此筆者釐清了。應該是至今我們華人至今仍沒關於尊重且促長期和平的道德標準，只記得孔子講過仁愛而孟子的「親親而仁民 仁民而愛物」。他主張愛需依層次，須先愛親人、再來是外人、最後才是萬物。但這是錯的。因為如果這是對的，那飢荒下食物先給親人才對，但如果這樣可以，那別人也可這樣想，結果不就造成每家都暴力搶食物且視為合理，結局必定是不團結且皆滅亡。墨子看到此而稱仁愛算小愛，比自私好不了多少。墨子主張愛不可分親疏而提出兼愛，提出只有兼愛與互利才能團結人類而共創未來。

　　三種人我關係中，自私是只愛自己，小愛是先愛親人，而大愛是平等愛人。他們各會導致戰亂、誘發戰亂、與停止戰亂。若每人都只顧自己或親友，當然會戰亂。只有兼愛才能止戰與和平。

　　所以「尊重自己與尊重別人，哪個重要？」應該「一樣重要」才對。因多數性侵者只顧滿足憤怒或權力需求而性侵他人，而婚姻暴力者多只顧自己與自家的需求而對伴侶施予身心暴力。俄羅斯普丁認為烏克蘭土地是俄羅斯的於是在2022年發動戰爭而造成塗炭生靈也是自私而不尊重他人。所以如果能開始倡導「愛人如己，不分親疏」就能使人類真正達成人權的六項基本內容：生存權、自由權、平等權、財產權、

追求幸福權。不只法律保障人權，社會與學校都倡導兼愛後，人人也都能釐清而從此不再侵犯他人與受他人侵犯。如此，犯罪、家暴、霸凌才可能因對症下藥而開始改善。

五、筆者的代結論

「人人愛和平，為何做不到？」

筆者曾在百人的通識課中，詢問大家覺得世界和平有幾成重要，回答平均 8.4 成，再問幾成的心已經放棄世界和平的想法，回答平均 3 成。

筆者再問到覺得自己幾成覺得代代幸福幾成重要？回答平均 8.2 成，再問幾成的心已經放棄代代幸福，回答平均 2.6 成。

怎麼辦呢？您可以也來問問四周的親友或者問問自己，關於以上問題，你的答案又是什麼？

「人人愛和平，為何做不到？」筆者在上面整理出大學生在課堂上給的答案，你看到蛛絲馬跡了嗎？從有想法到有做法，可看出和平與幸福是絕對重要，但卻各已有三成與兩成六放棄。

筆者若再問另一題「晚上回家會迷路嗎？幾成會迷路？」

相信應該是幾乎百分之百不會迷路。為何會有差別，其實可以知道應有兩個原因：晚上回家是自己可以完全把握的事，但和平與幸福則不是，它們還有他人及環境的很大變數存在。

　　但立定信念不是自己可以把握的事嗎？為何連立定信念都有近三成的放棄心？這牽涉到人類的行為四關鍵與行為六需求，這有待下一章再繼續分析。

第 2 章

行為四關鍵，行為怎麼來？

本章講述人類的行為怎麼來？和平行為與不和平行為各怎麼來的？又怎樣形成的？

一、人類行為四關鍵

不論哪一版本的大學心理學課本中，都會將人類行為的原因歸為四關鍵。筆者就把這四關鍵歸納為以下口訣：「**人類行為是悶來的、學來的、想來的、神經營養不足或生理異常來的**」，前面三個是心理學的三大學派，而最後一個是生理心理學及新近發展的神經營養學。

四個關鍵常互相串連與影響，通常會是「悶來的」是過去的不舒服經驗引發情緒動機、「學來的」是從外在、自身、與他人的行為經驗學到是否可作該行為、「想來的」是合理化某些想法來促發與持續某行為。而第四個是神經指令的發

動與傳導的生理基礎與營養基礎是否穩定與足夠。以下各解釋如下。

1. 行為是悶來的：這是認為人類行為都有過去不舒服的情緒作為動機[1]，而行為的發生是用來減少挫折的情緒不安的需求。這是佛洛伊德（Freud）在 1895 年所提出來的。他認為人就像是壓力鍋，越累積壓力就會有爆發或促發行為的可能。他將人格分為三個層次，也就是本我、自我、超我。「本我」（id）是指個體對生理滿足的慾望本體，如飢、渴、性、排便均屬之。本我產生需求時個體會要求立即給予滿足，故本我是採取唯樂原則，應被稱生物我。「自我」（ego）是指個體出生後，在現實環境中由本我中分化發展而產生，由本我而來的各種生理需求，如不能在現實中來立即獲得滿足，漸漸遷就現實環境的限制，並學習到在現實中獲得需求滿足的方法，可知道自我採取現實原則。「超我」（superego）是個體在生活中接受社會文化道德規範的教養而形成的。超我有兩個重要部分：一為自我理想，是要求自己行為符合自己理想的標準；二為良心，是規定自己行為免於犯錯的限制。因此，超我是人格結構中的道德部分，超我是採取完美原則或

1　張春興（1996），定義動機是指引起個體活動，維持已引起的活動，並引導該活動朝向某一目標的內在歷程。

道德原則。人格中的三個部分會彼此交互影響，在不同時間內，對個體產生不同的作用。[2] 筆者發現每一位暴力者或成癮者都可從其過去不舒服的情緒經驗中找到導致偏差行為生成動機的一部分原因。

2. 行為是學來的：這是認為人類行為都有學習的歷程。這可再分三類，也就是（1）古典制約：行為的發生與否是「外在」給予該行為的回饋而生成。典型實驗是一隻狗在三次的開燈後餵食，之後第四次的開燈後就知道會要再餵食而分泌口水了。這是由俄國的生理學家巴伐洛夫（Ivan Pavlov）在 1900 年發現的；（2）操作制約：自己在行為後得到快感或痛苦而學得是否繼續該行為。這是美國的心理學家史基納（B. F. Skinner）在 1938 年發現，典型實驗是一隻關在籠子的白老鼠，餵飽時身體碰到拉把會掉出一顆食物但不在意，等到飢餓時會吃該食物，也會想食物是怎樣掉出來的，直到再碰拉把而掉出食物就知道可以怎樣做而有食物吃；（3）社會學習：只需觀察他人在某行為後的結果有無賞罰而學到該行為可否做。這是美國的心理學家班都拉（Albert Bandura）在 1977 年發現。

2　KingNet 國家網路醫藥（日期不詳）人格理論 hospital.kingnet.com.tw/heartsustain/b-3.html。

3. 行為是想來的：這是認為人類行為都有認知的過程，也就是行為前後的想法是否支持該行為之觀點會決定是否做該行為。美國的精神科醫師貝克（Aron Beck）在 1975 年發現，但最早來自奧地利精神科醫師阿德勒（Alfred Adler）在 1912 年提出的個體心理學，其強調人格的發展不該是由佛洛伊德所說幼年與早年的性內心衝突來決定，而更多是由認知上能否克服早年自卑來決定。

4. 行為是神經營養不足或生理異常來的：

這是認為人類行為都有神經營養或生理因素，若能正常則穩定行為無礙，若不正常則行為將受影響，有以下學說。

1. 神經傳導物質學說：目前可知道影響行為的生理因素有腦部神經細胞間的神經傳導物質（如專司正確訊息傳導與快樂的多巴胺過多會造成幻覺與思覺失調、穩定情緒的血清素不足會造成憂鬱、能身心興奮的正腎上腺素過多會引發思覺失調症、穩定情緒不焦慮的 GABA 不足會造成焦慮等）。而成癮藥物透過改變神經傳導物質的濃度，如濫用海洛因與 K 他命之抑制劑會有快感但沒再用後會身心極度不適，濫用安非他命之興奮劑會使多巴胺過多而極度興奮四天且不需睡眠或且生幻覺，但沒再用後極度沮喪且身心不適。此學

說下多是藉由藥物使神經細胞的接收端或發射端增加或減少代謝或吸收以回復平衡。

2. 發炎學說：自從 2000 年哈佛大學醫學教授 Lidker 證實心血管疾病是慢性發炎導致後，漸漸也證實所有的身心的慢性疾病（各如癌症、糖尿病等，及思覺失調病、憂鬱症等）都是來自慢性發炎，因此多吃抗發炎飲食確實可防治疾病，如水果與深海魚油等。而近半世紀也發現，如加拿大醫師兼生化學家 Abram Hoffer 發現思覺失調症因體內缺菸鹼素（niacin，又被稱維生素 B3）轉化酶，因無法有該轉化酶來增加菸鹼素三百倍的產量以穩定神經傳導而容易有思覺失調症，因此須每天服用三百倍的菸鹼素每日建議量（16 毫克）約 6,000 毫克才能夠身體穩定神經使降低氧化與發炎之所需 3。台大醫學院的研究也確認思覺失調患者的家族貼上菸鹼素貼片卻沒有正常人應有的潮紅現象。4 而近

3　菸鹼素能還原腎上腺素的氧化為正腎上腺素，不使生成過多。Hoffer, A. & Andrew, S.（2015），《細胞分子矯正醫學聖經：寫給醫師與社會大眾，高劑量維生素治療法》（Orthomolecular Medicine For Everyone），謝嚴谷翻譯，台北：晨星。

4　思覺失調者及家族證實貼上菸鹼素貼片不會有潮紅現象，而一般人都有潮紅。Liu, C. M., Chang, S. S., Liao, S. C., Hwang, T. J., Shieh, M. H., Liu, S. K., Chen, W. J., & Hwu, H. G.（2007）. Absent response to niacin skin patch is specific to schizophrenia and independent of smoking. Psychiatry research, 152（2-3）, 181–187.

二十年被大量實證研究確認能有效穩定精神症狀的深海魚油，被確認除能改善心血管疾病外，也能改善憂鬱症、思覺失調等精神疾病。[5] 此學說的改善方式為藉由抗發炎藥物、營養品、或食物以改善神經細胞膜的發炎狀態。

3. 營養補充確認可減少暴力行為：英國牛津大學 Gesch 等（2002）以雙盲實驗研究各百人補充真假營養品證實充足的營養兩周使實驗組減少監獄暴行 35%，而停用後又恢復原來水準，且與對照組達顯著差異。[6] 荷蘭再研究各百人，也證實如此（Zaalberg, et al, 2010）[7]，其補充的營養都是維他命與礦物質。加州大學 Schoenthaler 及 Bier（2000）將兩組各 40 位國小學童做對照，發現給予真營養品之組減少 47% 之內外向

5　台灣研究深海魚油的學者是中國醫藥大學蘇冠賓教授醫師及其研究團隊，也成立營養精神醫學會，推廣營養知能。

6　Gesch, C. B., Hammond, S. M., Hampson, S. E., Eves, A., & Crowder, M. J.（2002）Influence of supplementary vitamins, minerals Influence of supplementary vitamins, minerals and essential fatty acids on the antisocial behaviour of young adult prisoners: Randomised, placebo-controlled trial. British Journal of Psychiatry. 181, 22-28.

7　Zaalberg, A., Nijman, H., Bulten, E., Stroosma, L.,& Staak, C.（2010）.Effects of nutritional supplements on aggression, rule-breaking, and psychopathology among young adult prisoners. Aggressive Behavior. 36（2）, 117-126.

偏差行為，對照組則沒顯著減少[8]。也有研究發現吃深海魚油者有顯著降低少年的內外向偏差行為，對照組則無差異。[9]

二、人類六需求

人類的需求到底有哪些？會不會人類的所有不和平問題就在六需求沒被滿足？

馬斯洛（Abraham Maslow）在 1943 年發表的《人類動機的理論》一書中提出了需求層次論。馬斯洛理論把需求分成生理需求、安全需求、歸屬感需求、尊重需求和自我實現需求五類，依次由較低層次到較高層次。

這種理論的構成根據兩個基本假設：1. 人要生存，他的需要能夠影響他的行為。只有未滿足的需要能夠影響行為，已經滿足了的需要不能充當激勵工具。2. 人的需要依據重要性和層次性排成一定的次序，從基本的（如食物和住宿）到

8　Schoenthaler, S. J. & Bier, I. D.（2000）. The effect of vitamin-mineral supplementation on juvenile delinquency among American schoolchildren: a randomized, double-blind placebo-controlled trial. Journal of Alternative and Complementary Medicine. 6（1）, 7-17.

9　Raine, A., Portnoy, J., Liu, J., Mahoomed, T., and Hibbeln, J.（2015）. Reduction in behavior problems with omega-3 supplementation in children aged 8-16 years: A randomized, double-blind, placebo-controlled, stratified, parallel-group trial. Journal of Child Psychology and Psychiatry 56, 509-520.

複雜的（如自我實現）。

雖然看似有道理，但 Hall 和 Nougaim（1968）曾以職員 5 年的需求研究提出沒有足夠證據證明需求是有層次的。而證據顯示，隨著主管人員的升遷，他們的生理需求和安全需求在重要程度上有逐漸減少的傾向，而歸屬需求，尊重需求，自我實現需求有增強傾向。需求層次的提高，是職位上升的結果，而不是低級需求得到滿足後產生的。換句話說，需求沒什麼層次之分。

駁斥精神分析的人格幼年決定論而倡導每個人都能有主動選擇美好生活而創立現實治療的美國精神科醫師葛拉瑟（William Glasser）認為無論年齡、性別、種族至所有的人，都有相同的生理與心理需求，在其「選擇理論」（Choice Theory）裡指出「生理」、「歸屬感」、「權力」、「自由」及「樂趣」等五項，不分層次，也鼓勵老師、老闆、與治療師需要能理解不適應者在此五需求的不滿足而產生不適應的行為或精神症狀。

三、意識更是關鍵

意識是想法，雖看來只有四分之一，但它可以受悶來與學來的影響，若都改到正向，最大的意識影響具體可佔四分之三。

愛因斯坦的質能轉換公式是 $E=mc2$，顯示能量可以從物

質轉換而來，同樣物質也可以從能量轉換而來。意識現在被確認就是一種波也就是一種能量，這不就是表示意識是能生出實像。只是需要極大的意識才能生出實像。以上都是物理學可確認的。心理學上的認知心理學也認為認知的調整也會調整外在的行為，而認知就是意識。

　　物理學曾做一雙狹縫實驗，就是用噴射槍一次噴出一個電子在中間有雙狹縫的板子，再到後板。噴出一百次後結果會發現後板會有該電子同時產出兩分身而各通過兩狹縫且在後板呈現出有兩電子互相干涉的波紋現象。但怎麼一個電子會變成兩個電子呢？科學家再於狹縫旁安裝一監視器以觀看此通過雙狹縫之過程，則此時則仍變回只一個電子且不變出分身而只通過其中一個狹縫，也因此在後板沒有干涉的波紋現象而是條紋，此實驗確認電子有粒子與波動兩象，稱之「波粒二象性」。也就是如果有「意識」的介入來干預則物理的現象會轉換，如原來會以波來同過雙狹縫變成以單一粒子通過其中一個狹縫。物理學家魏格納因而提出意識會使物理現象的不確定坍縮為固定之現象，且認為意識應該才是物質界與能量界的源頭。大陸物理學家朱清時有影音介紹。人類一起注意自己的想法與行為就會改變未來。我一在開始輔導家暴者與藥癮者，會問是否希望入獄，都說不希望，我提改善行為四關鍵的建議才會聽且執行而認真執行的人就不會入獄。美國物理學家惠勒更在 1979 年提出「延遲選擇實驗」實驗光子在起點出發後修改終點會修改自起點的特質，確認現在可改變過去，且微觀世界的時間並不存

在，惠勒的延遲實驗結果說明：根本沒有過去，過去都是你現在創造的，現在的每分每秒，都在逆時間創造著過去發生的一切，主張參與式宇宙指出因你的觀察行為而參與了宇宙的創造過程，也如之前的「電子雙縫實驗」所說的，是你的意識創造了你的宇宙。這與明代王陽明的心學一樣，主張萬物唯心造。[10]

以上在佛學與王陽明心學都有提到幾乎相同的論述。

佛教人有八識，也就是眼耳鼻舌身意之視聽嗅味觸覺、意識、莫那識（接近潛意識）、及第八識「阿賴耶識」，而阿賴耶識即是種子，可分善種子與惡種子，又可稱為業力，被認為是一切宇宙的生成來源。李嗣涔認為阿賴耶識是一個量子現象，是一個複數的函數，所有量子場都是複數函數！佛教唯識論最重要的觀點認為心與物都不是唯一的實體。唯識論認為這個世界唯一的實體是「阿賴耶識」，心與物都是「阿賴耶識」因緣和合引發出來的。

有靈通經驗的王陽明和弟子遊會稽山，其弟子指著山中的花樹問：「老師常說心外無物，但花在山中自開自落，與我心有何相關？」王陽明說：「你未看此花樹時，此花與汝心同歸於寂，你來看此花時，則此花顏色一時明白起來，便知此花不在你的心外。」在王陽明看來萬物有「寂」和「顯」兩種狀態。「寂」是事物存在的一種狀態，他並沒有說山中

10　youtube 搜尋 科學探知惠勒延遲實驗、老鳴宇宙目的。

沒有花。當我們沒有看到山中花的時候，它處於「寂」的狀態，當我們看到花的時候，花在我們心中分明起來，存在的狀態由「寂」到「顯」的瞬間轉換，並沒有說花是不存在的 。[11] 以白話來說，就是若沒有意識注意則萬物都算寂之自主態而互動注意就會變顯態。

　　李嗣涔在手指識字的實驗發現所有的物質與超物質現象都可以在實數加虛數的複數函數中展現而此就是量子現象（量子場都是複數函數）。公式如下 $Z=R+iY$。實數（R）就是探求實體的物理學，虛數（i）就是意識、心靈、或靈魂。雖佛教認為心與物都是「阿賴耶識」因緣和合引發出來的，其下階還有意識及莫那識。

　　以上都可證明不論物理學或心理學都證明**人的意識對萬物或未來發展有極重要且關鍵的影響**。筆者認為隱隱約約人類社會的種種困難，是上天給人類社會的一場考驗，端看我們的「意識」能否通過此一考驗，讓我們在體悟現實世界有物質也有心性，更**可看出科學與道德並存之必要，千萬不可偏於一端**。

四、筆者的代結論

　　筆者贊同馬斯洛與葛拉瑟的五需求主張，在後面的「學

11　Jwo（2020/08/28）用量子力學看王陽明的山中花開的故事 https://read01. com/oAGAD8Q.html#.Y6kpcnZBy5c。

會善意溝通六問句」中筆者就整合兩位大師而提出人類共有六種需要，即生理、安全感、歸屬感、尊重、自由、樂趣。鼓勵人人都應該在溝通時認出自己與對方的需求並都給予同理，才能內心平和且不讓溝通變糟。

以上均證明人類有不同的需求，只是可區分為生理與心理層次的需求。然而這些需求的滿足到底是只要為己還是也要為人，這就牽涉到人類長期以來的社會性倫理發展。

社會神經學家 Sapolsky 翻遍科學的神經與心理，最後找出其實**人類的暴力根源是來自「區分人我異己」**。筆者認為這與人類為求自保或「求生存」的反射動作有關。在漁獵時代的時候人類須打贏野獸才能生存，漸漸地也須同族合作共同抵禦外敵才能生存，而農業時代也需爭水源而同族合作才能生存。因此人類為了生存就區分出自己的行為是為自己、為親族、為人類、為萬物、為公道等等不同的想法。但人類是否需一直如此生物性下去，參考利柏曼的三個人類社交天性與立普頓的生物生存互助的信念，人類該是時候想想是否一起共生還是走向自私共亡。

大陸物理學家朱清時在解釋量子的最新發現認為意識應該才是物質界與能量界的源頭。李嗣涔認為量子現象是一個複數的函數，也就是有實數與虛數，而實數就是物質，虛數（i）就是意識、心靈、或靈魂。兩位都在科學前端提出意識

的重要，相信科學或靈性的讀者此確實值得深思意識的重要，也就是**我們怎麼想會決定我們的未來**（都可搜尋影音平台兩位姓名）。

第 3 章

和平怎麼來？大師怎麼說

第一章曾解釋和平是什麼，本章來討論和平分哪些面向，又可怎麼來？

Groff 與 Smoker（1996： 90）將和平分 XYZ 三軸度，X 軸為深度，含負面、正面、環境、婦女、心靈；Y 軸為層級，含個人、家庭、社區族群、國家、國際;而 Z 軸為場域，含軍事、政治、經濟、文化。可知和平面向很廣。

關於和平，是否先來看看大師們怎麼說？說不定他們的說法其實影響了我們人類能獲得和平或者必定無法獲得和平。

以下筆者提出幾位古今中外的和平學倡導者。

一、和平學之父挪威學者加爾頓倡導須消除歧視不平等才能和平

挪威社會學家加爾頓（Johan Galtung）被稱為和平學之父或和平與衝突研究開創者，Galtung（1996）發表〈Violence, Peace, and Peace Research〉一文，論述暴力與和平之關係，其主張「若在現實上，某人本來在肉體上並在精神上能夠實現的事情，低於他本來具有的潛在實現可能性的時候，此時就有暴力的存在」，他把這種能負面影響潛在實現可能性的力量稱做暴力。這種影響力可分為二種，一種是戰爭或暴力威脅，另一種是由社會不正義而來的經濟落差或歧視等。前者稱之為「直接型暴力」，後者稱之「結構型暴力」，沒有前者的狀態為消極性和平，沒有後者的狀態為積極性和平，Galtung 主張同時減少或消滅此兩種暴力，進而同時達成消極性與積極性和平是非常重要的（西村純，2005）。加爾頓稱衝突的表達必須包含行為、結構、及態度三種形式：行為是有意識的、而且在實證上是明顯觀察得到的；結構與態度則存於隱晦不明且往往必須經過推敲才能判斷出來。結構如不平等、資源分配不均等，而態度則多因長期以來的種族主義、性別主義、被害人創傷等。人為人類長期偏差的結構與態度才是不和平的根本原因。

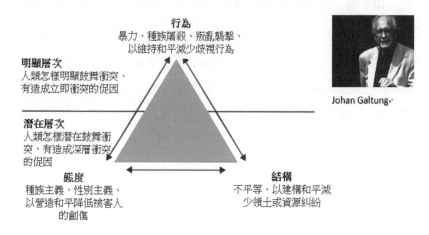

圖 3-1 加爾頓的衝突三角形

　　此外，加爾頓參考醫療模式提出「診斷—預測—治療」
Diagnose-Predict-Treatment，簡稱 DPT）過程，該模型有三步
驟。（1）診斷。診斷問題的來源，此如果為了消除痛苦，這
種目的就是消極的，即追求暴力消失算消極和平；若為改善
生活，此目的就是積極的，即追求尊嚴與幸福，算積極和平。
（2）預測。預測是對這一系統內隨著時間變化的軌跡進行的
一種預報，通常是從苦到樂，從有病到健康，從暴力到和平。
（3）治療。治療是一種干預。包括預防性的，也包括治療性
的，或者二者兼而有之。他提出對於止戰與維持和平只是消
極的和平，對於結構的暴力則是戰亂的底層促因，需要釜底
抽薪地改變態度與社會結構，各需要更積極的營造和平與建
構和平，才能永保和平。

二、墨子從仁愛醒來並倡導兼愛互利才能止息戰亂

　　二千四百年前出生的墨子，晚孔子一百年出生，他是木工出身，原先學習儒家及仁愛，但墨子發現窮苦人家在倡儒之國因孔子倡導恢復周禮而須厚葬父母，甚至守喪三年，造成常在市集看到貧困喪家賣子女以作為厚葬之用，不從則會被批評為不孝無禮。甚至發現孔子的仁愛是愛人須先親後疏，是有次第等級的愛，進而發現仁愛如同自私也是社會國家的亂源，因而另立墨家，宣導節葬、兼愛、互利。他也是古今無人能及的博學家，他不只是哲學家，也是兵法家、邏輯家、甚至是科學家。

　　看來墨子認為孔子的仁愛不對，但為何不對，這是因為墨子發現愛若分親疏就會因資源分配不均而漸起戰亂。筆者因而簡化為關於愛人與否可分為大愛、小愛、與自私。大愛是愛人不分親疏，小愛為愛人先親後疏，而自私是只愛自己，不管親疏。如此可說，墨子是倡大愛，孔子是倡小愛，而「拔一毛以利天下者，不為也」之楊朱是倡自私。

　　墨子說亂何自起？起不相愛，何以易之，惟有「兼相愛、交相利」以易之，並說愛人者人恆愛之，利人者人恆利之。加爾頓強調要打消不平等才能達到積極和平，而墨子則說要兼愛與互利才能達到平等與不亂。兩者都強調要愛人如己才能促進和平，而墨子更是講到不平等的根源來自人類的不相

愛。墨子在 2500 年前就能做出精確診斷,應可稱之和平學之祖,可惜海內外的國際關係學者與和平學者都嚴重忽略墨子。

墨子的邏輯學甚為嚴謹被與印度因明學及古希臘邏輯學並列而稱世界三大邏輯學。墨子稱所有的想法必須經過三表法也就是「本之,原之,用之」檢驗,各是「需有憑有據、需百姓曾見聞、需能實用」所以可看出墨家是重視論辯邏輯與實用主義。

墨子的邏輯嚴謹以下是墨子的幾個檢測與推論證實兼愛不難,只是少人倡導。

甲、透過火災測試,確認自己是火還是水?

同時代儒家的巫馬子不服墨子倡兼愛而問「儒家的仁愛與墨家的兼愛都沒能降低戰亂,為何獨說仁愛不好?」墨子說「有一村莊失火,有一人提水衝過去,有另一人提火苗衝過去,你認為誰對?」「當然是提水的人!」,「墨家就是提水的人,而儒家就是提火苗的人,接受墨家的人不夠多,而接受儒家的人沒減少,當然就會看到失火」(墨子耕柱篇)。

至此,墨子似乎也在提醒讀者的你接受儒家或墨家就決定你所處的世界會是怎樣的世界了。

乙、透過徵召托養測試,你會是哪種人?

墨子更提出徵召托養測試，他問「如果君王要徵召你去外地，而你要將一筆錢托給幫忙照顧家中老小的人，請問你會托給自私、仁愛、或兼愛的人？」（墨子兼愛下）筆者拿這題問過許多人，約九成都說會交給兼愛的人，經問理由，他們都說交給兼愛的人最放心，至少不會自私與小愛，因他們只圖利自己或他的親友。

墨子反問認為兼愛難做的人很多，但卻會想要托養給兼愛之人，可見兼愛不難，只須心態調整就可。而我也會續問讀者的你，你會希望社會中哪種人多些？你又會想當哪種人？

透過五愛理論測試，自私也是霸凌、暴力、衝突的根源。

因筆者專攻家暴者與性侵者之心理病理與輔導，近年接觸到國際關係理論與和平學而領悟出自私也是霸凌、暴力、戰亂的根源，而只多顧親友的仁愛也是自私的合理化，也開始鼓勵受輔者需視自私如病毒並移除病根。

筆者參考英國神學家 Lewis（1998）的四種愛（即情愛、親愛、友愛、大愛）而提出五愛理論，將人類間的愛根據對象從個人、親友到外人可分「愛己、情愛、親愛、友愛、大愛」，各是愛自己、伴侶間情感的愛、對親人間的愛、同學朋友間的愛、對外人的愛。這五種愛都需要有穩定且有正面的自信與信任才能有穩定的行為，否則會有走向不同向度的偏差。如完全沒有愛，則會在最前面的只愛自己，也就是自

私，之後才會是其他四種扭曲或不完整的愛。

不同向度的偏差包含自私（只顧自己），而性侵是扭曲的愛己與情愛，家暴是不親愛，霸凌同學網民是不友愛，對外人暴力是沒大愛。五種愛可簡單歸納來說可分三層次，也就是自私、小愛（含性愛、情愛、親愛、友愛）、大愛。定義上，自私是只愛自己及不管親疏、小愛是愛人先親後疏、大愛是愛人不分親疏。孔子說「己所不欲，勿施於人」與墨子說的兼愛都算是大愛。

以上可以看出只要改變心態到大愛，就不會有任何的霸凌、家暴、暴力、性侵、甚至衝突。但這要從誰做起？

孔子的仁愛不一致，但《禮記‧禮運大同小康篇》藏貓膩。

華人自從漢代董仲舒宰相推行「罷黜百家、獨尊儒術」，從兩漢時期的舉薦制到隋唐及後期的科舉制就都以儒家經典為選材或科考標準。甚至一直到今天仍是每位高中生要上的文化基本教材。

引用儒家自有其能穩定王權、尊君守序的考量。

孔子的核心思想是仁愛，是否就愛人的範圍與次序來檢視孔子的仁愛。

孔子說「夫仁者，己欲立而立人，己欲達而達人。能近取譬，可謂仁之方也已。」（論語雍也篇）白話文是「所謂仁人，祇要能做到自己想成功時先幫別人成功，自己想得到時先幫別人得到，就可以了。推己及人，可算實行仁的方法。」1 孔子這話算是大愛，但為何儒家變成小愛？再來看孔子弟子有子說：「孝弟也者，其為仁之本與。」這是說「孝順父母、敬愛兄長，這就是仁的根本」很明顯這是近小愛，卻納入論語學而篇。之後，孟子說「親親而仁民，仁民而愛物」，納入孟子盡心上篇，就可知道儒家有漸往小愛的立場。

為何會偏呢？從論語子路篇的一文可看出大概。葉公語孔子曰：「吾黨有直躬者，其父攘羊，而子證之。」孔子曰：「吾黨之直者異於是。父為子隱，子為父隱，直在其中矣。」白話文是葉公對孔子說：「我家鄉有正直的人，父親偷羊，兒子告發了他。」孔子說：「我家鄉正直的人不同：父為子隱瞞，子為父隱瞞，正直就在其中了。」看出了嗎？父親偷竊而犯法，孔子要兒子幫忙隱匿才對。這也難怪，孔子面對愛人先後順序上，就可看出是先親後疏了。老師如此，子弟學生們會走向小愛就很自然。

以上證明瞭孔子的仁愛確實是不一致的，但孔子在禮記禮運大同篇中，曾說「大道之行也，天下為公。選賢與能，

1　白話文之翻譯多見中國哲學書電子化計劃 https://ctext.org/zh。

講信修睦，故人『不獨親其親，不獨子其子』……是謂『大同』」看的出來嗎？**「不獨親其親，不獨子其子」這不正是墨子的兼愛。**孔子稱期待在「天下為公」的時代倡導此，這難道不是指民主時代嗎？古今時代下只有民主政體才是天下是大家的呀。

而禮運小康篇中，曾說「今大道既隱，天下為家，『各親其親，各子其子』，貨力為己，大人世及以為禮。城郭溝池以為固，禮義以為紀……，是謂『小康』。」看的出來嗎？「各親其親，各子其子」這不正是孔子說的仁愛，而孔子認為倡導仁愛最多只能到小康之世，又因為當時是封建制度，是「天下為家」的帝制，當然不能推展大愛而只能小康了。**也因此可以看出孔子的理想是能推展大愛的大同之世。**

但現在不是實施投票的民國百餘年了嗎？是否該是倡導兼愛的時刻了。

帝制下倡儒家，民主下應倡哪家？

漢武帝宰相董仲舒為尊崇王權，而提倡罷黜百家、獨尊儒術下，墨家自此衰亡，但不表示至今的華人仍須接受 2000 年前封建制度下的決定。儒家重視名分說，故主張的仁愛是須根據親疏來愛人與愛國，造成國際間為搶名分而攻國傷人。但墨家重視名實說，即取實予名，主張名實並重，不可因名而害實並以民生為先，墨家認為千萬不可依據親疏來愛人愛

國，否則紛亂四起，綿延不絕。清末梁啓超也曾大力倡導墨學，但變法沒成。

　　華人尊崇儒家已成傳統，而儒墨兼倡整合才可精進大同。社會神經學家利伯曼（Matthew Lieberman）著作《社交天性》提出人類有 3 種社交天性，即期待連結、心智解讀和追求和諧。以實驗證實人類大腦期待連結與和諧而非獨大與競爭。社會生物學家薩波斯基（Robert Sapolsky）著作《行為》，結論是人類最糟與最好的行為都有其原因，但最後人類需主觀選擇要哪一種，是要「區分我群他群而互滅」或「不再區分而互利」。

　　文化與文明的進展，或有先後，但人類若能開始不分親疏之別，一體大愛，人類才能在道德脆危或病毒下轉危為安。反觀我國倡導反霸凌至今已近十年，根據 2018 年兒福聯盟的研究我國的中小學仍約有一成的人霸凌兩成的人而約六成的人視而不見。筆者看過國內外的霸凌暴力研究都沒墨子的診斷簡潔與處方清晰。此外，網路霸凌呢？家庭暴力呢？性侵害呢？族群對立呢？找到病根了嗎？

　　如果沒有一套簡單的紅線來勸誡人心，人們自然常常跨過該紅線也不認為有罪疚感，造成到處失火而沒人認為原來自己的想法就是火源之一。這紅線就是墨子說的兼愛。兼愛就是補充孔子的愛須從區分親疏的「仁愛」擴大到愛不可分

親疏的「大愛」，沒做到者會被師長規勸，人人也才能有所遵循，如此人類才會互相同理，也才能漸止息霸凌、家暴、暴力、及對立衝突。

儒墨真的差很遠嗎？唐朝韓愈很不贊成，他在《讀孟子》一文稱「儒墨同是堯舜……同修身正心……余以為辯生於末學，各務售其師之說，非二師之道本然也。孔子必用墨子，墨子必用孔子，不相用不足為孔墨。」也就是說他很不贊成孟子之批墨的無君（主張愛他國如己國）為禽獸，反而認為孔墨在天或在世必定彼此互相賞識重用。筆者也認為如此。

鑒於我國已經尊崇儒家兩千年的歷史，至此，當代兒女應可看出孔子大同之世的理想只有靠整合墨子兼愛及孔子所倡推己及人的大愛來達成，這是孔子與墨子合力留給後世的最後一個拼圖，有待當代華人子女來完成，或許儒墨兼倡，齊倡禮義與大愛，擺脫自私，該是華人或是世人未來的方向。[2]

三、孔墨互補　和平永成

儒家的優點在於講禮義明五倫，缺點在太多的繁文縟節的表面工作，高傲的禮教、對於愛人愛己流於形式。而墨家

2　有人或許會問墨子會否算是共產思想，但共產思想強調透過階級鬥爭以實現共產世界，墨子則很清楚提出只有兼愛與互利才能建立和平的社會與國際。兩者相當不同。

的優點在明確點出亂自何起，起不相愛，認為只有兼愛互利節用才能永世和平。缺點在於強調想法不可多元的尚同想法，其實道德該有普世價值也應該容忍不同文化的多元差異。

　　孔墨怎樣互補，唐朝韓愈在論墨子稱：「儒墨同是堯舜……孔必用墨，墨必用孔，不相用，不足為孔墨。」台大李賢中教授提兼愛可補仁愛不足，須避私愛而廢公利，而孔墨都在興天下之大利當能互補。

圖 3-2　孔子像與墨子像

四、康德的論永久和平

　　歐洲在 18 世紀開始即陷入一連串的戰爭，有爭奪王位的也有爭奪土地與擴張勢力，於是就有了人試圖從道德面來提出和平共存的議題，接著又有教士聖皮耶提出了永久和平計畫，倡議各國組成歐洲聯盟來消彌戰爭達到和平。但是盧梭批評這些倡議並沒有明顯的依據與方法。

此時，康德便是從這些人的倡議中發展出它自己對於和平的看法，而寫出了「永久和平論」[3]，其中有六條預備條款、三條正式條款、兩條補充、與兩個附錄。其指出了哪些是嚴格的在任何狀況下都是有效迫切需要實施的，其他則是可以暫緩推延實施的。

康德首先指出戰爭就是一種自然狀態必然發生的事情，但人類脫離自然狀態進入社會狀態，就須與戰爭有所區隔。社會狀態下，國與國之間必須以和平為要求簽訂協定條約，戰爭對於理性是種汙辱，和平是理性的絕對要求，提出和平可以藉由法權被創制，和平是法權的合目的性，也是法權存在的理由。他從個體、社會、國家內法律的制定來達到以法權為依據的解決爭議的方式可擴展到國與國之間，即國內有國內法，而為了國際間的和平就必須有國際法或國際聯盟的創制，符合理想也兼顧現實。

（一）預備條款，有六個

1. 凡締結和平條約而其中秘密保留有導致未來戰爭的材料，均不得視為真正有效。

2. 沒有一個獨立的國家可以由於繼承，交換，購買或

3　Laupies, F.（2019）康德，《永久和平論》，李瑜翻譯，台北：開學文化。

贈送而被另一個國家所取得。

3. 常備軍應逐漸地加以廢除。

4. 任何國債均不得因國家外衝突而產生。

5. 任何國家均不得以武力干涉其他國家的體制與政權。

6. 任何國家在與其他國家作戰時，均不得容許採取以下
   的挑釁行為，使得雙方的互信變得不可能：包括派遣
   暗殺、下毒、違反投降條例或在暗中鼓動叛亂等。

以上的預備條款，看似有些不切實際，畢竟太過於依賴
掌權者的心證，那麼接下來是三條關於永久和平條約的確定
條款。

1. 每個國家的公民憲法應該是共和政體的。

2. 國際法應該以自由國家的聯邦制為基礎。

3. 世界公民權應限於普遍的友好為其條件。

可從三項確定條款看出構築世界公民體制必須一方面
是共和制（一般是指定期民選的政體，相對於君主制與共產
制），且是自由國家聯盟，兩者相輔相成，不可或缺，只有
這樣未來社會的和平狀態才可能被建立起來的。認為獨裁或

帝王制缺乏法權，掌權的個人或少數人能夠隨時推翻協約。康德認為只有共和制具有永久和平的前景，因為每個公民都從自我利益角度出發。因此若國家是專制主義，則戰爭的可能性將會得到大大提高。第三項關於世界公民權的觀念是一個全球化和地球村的觀念，一個在18世紀來說是進步的思想，世界的公民權應利基於友好且無害之上，否則容易被誤導為互相歧視壓迫。

五、美國克里斯提教授

美國俄亥俄州立大學和平心理學教授、和平心理學期刊前主編 Chiristie（2008）等人更倡導積極和平的基礎上建構過程式積極和平多維模型（A Multilevel Model of Positive Peace Processes）。其提出積極和平是意味著對某些不公平的制度內部或幾種制度之間做調整與轉化。當政治結構變得更寬容，福利受損的邊緣群體擁有話語權時，就表示應該促進積極和平；反之，若沒有權利的主體開始批判、分析並反對遭受當權者壓迫的結構時，就意味著暴力文化結構已經成形了（張湘一等，2013）。本模式強調社會不同群體衝突問題的積極與消極處理可能就為和平與暴力奠立基礎。

而和平心理學是什麼呢？美國和平心理學家 MacNair（2003）把和平心理學定義為是「一門對暴力行為及其心理

過程進行研究的科學。它尋找降低暴力發生的可能性與阻止暴力發生的方法，幫助暴力受害者減少負面心理影響，促進和平衝突化解，達到人人享有公平、尊嚴、尊重與和諧的目的」。可以看出和平心理學是以人的「和平心理」與「和平行為」為研究主體，並以幫助人類獲得和平為核心目標。

六、近百年和平學發展趨勢

　　國內施正鋒教授[4]整理出和平的推動，可以歸納成三類作法：較保守的目標是如何保持現狀，在衝突發生以後，如何避免近一步惡化，也就是「維持和平」（peace-keeping）；這是要依賴他人來義助，譬如聯合國派軍。主動的作法是要「營造和平」（peace-making），積極降低彼此的敵意，想辦法建立和諧的關係，甚至於不惜改變現狀，全力「建構和平」（peace-building）。這三類做法，會呈現學術上與實務上的不同作法。

　　受到社會科學在戰後發展的影響，當前和平研究仍有相當的實證主義色彩，此類學者會盡量避開價值判斷的議題，想辦法要以「客觀的」方法去驗證理論是否與觀察得到的規律或模式相符。國際和平研究學會（International Peace Research

---

4　施正鋒（2003），〈和平研究與和平教育〉，《教育研究月刊》，114 期，110-119 頁。

Association, IPRA） 首先支持的 Journal of Peace Research 就充滿了量化的論文。而 Peace and Change 與 Journal of Conflict Resolution，比較傾向戰爭的論文。International Journal of Peace Studies 則堅持從事對於和平真諦的探究、或是搜尋獲致和平的途徑。美國為代表的衝突與和平研究就較多是國際關係與政治學者參與。而以歐洲、亞洲、拉丁美洲的和平研究就較為多元。[5]

圖 3-3　衝突化解與和平建構的過程

七、犯罪學新近倡議爭端與刑案的修復式正義以建構和平

犯罪學是一門以科際整合之觀點研究犯罪與犯罪人之經驗科學，亦即研究犯罪現象、犯罪發生原因、犯罪學理論、犯罪預防策略與犯罪人矯治處遇之科學，期望能將具體研究所得提供與刑事立法、刑事司法、刑事執行與社會政策上之參考。[6] 澳洲犯罪學家布列斯威特（John Braithwaite）實地考

5　同註 4。

6　蔡德輝、楊士隆（2012），《犯罪學》，五南出版社。

察日本的低犯罪率後於 1989 年提出「明恥整合理論」。他認為羞恥是強力的非正式社會控制工具，並有兩種區分烙印式羞恥與整合式羞恥，烙印式羞恥係當犯罪人為犯罪行為後，社會會加以非難，並將持續不斷地貶低行為人；而整合式羞恥係犯罪人為犯行後，社會賦予其改過自新的機會，如其改過自新，社會將重新接納，而此接納之基礎又分為「共信」與「互賴」，而明恥整合理論的核心觀點認為，烙印式羞恥會導致犯罪不斷發生，整合式羞恥則能有效降低犯罪。該理論提出犯罪預防的方式是提倡社區運動、凝聚社區意識、修復式正義的運用。

其中修復式正義是指為改善現有刑事案件司法制度對補償被害人與犯罪者矯正的失能，參考美洲印地安人與紐西蘭原住民毛利人的部落修復會議）又稱家庭團體會議 Family Group Conferencing，FGC），邀集雙方與家屬由社區長者主持讓被害人、加害人、及社區人士依序講出感受與需要，並討論如何回復到事件發生前的原狀或等價的賠償，並共同發展社區福祉，透過調解、斡旋、修復、與治療，達到三贏的局面。2002 年聯合國成癮藥物與犯罪辦公室 UNODC（United Nations Office on Drugs and Crime）於 2006 年邀請學者專家撰寫完成《修復式司法方案手冊》（Handbook on Restorative Justice programmes）的實務工具書。衝突學派犯罪學家昆尼（Quinney）1970 年在以社會高低階層的不同角度看犯罪而認為犯罪由高階層者所定義，而提出《和平建構式犯罪學》

（Peacemaking Criminology）一書，主張犯罪學目的是建立和平公正社會。認為懲罰和矯治對減少犯罪是無效的，只有人的互助互愛、調解來解決衝突才是解決犯罪問題的最終辦法。由此可看出「和平建構犯罪學」與「修復式司法」在犯罪的原因與對策上，不只討論犯罪成因，也反省刑罰與矯正的失能而開始促成更能有益於深化社會的和平建構。

八、代結論

西方與東方的和平學大師都在找人類衝突的原因，加爾頓找到衝突是來自不正義的不公平與歧視算是結構式暴力，若沒能解除永遠會有衝突與戰爭。而墨子找到原來人類不相愛是衝突與戰爭的根源，提出只有兼愛互利才是處方。

筆者贊成孔墨互補，尤其孔墨都在創建「人不獨親其親，不獨子其子」大同之世，只是該從仁愛提升到兼愛，才能做到推己及人與愛人如己。探討犯罪發生的犯罪學也在找犯罪的原因，最後找到社區的整合對話與修復才是減少犯罪發生的處方。和平學與犯罪學都指向只有建立愛人不分親疏的大愛才是和平與無犯罪的基礎，而難免有意見的不一致或衝突，則需靠良好的溝通技術，普遍於社會就會讓衝突永遠在雙方都滿意下收場。

筆者在下章會提出所修改的善意溝通六問句，讓大家及

親友有機會一起學到地表最簡單且最有效的善意溝通，讓大家可以學起來，用來自我調適、輔導他人、調解衝突！

第 4 章

平和怎麼來？大師怎麼說

心理平和怎麼來？心理平和的形成有一定的要件。若你常被說你的脾氣好好，恭喜你，因你將脾氣管理得很好；若你曾被說你的脾氣要改，也要恭喜妳，你有好親友會如此建議你。

但真是平和是什麼？平和可被定義為「平和是指個人在心理上能保持平穩而不激動」。

心理平和的形成有一定的要件，筆者將列出相關的心理學有關的研究與反思。

一、怎樣生成暴力

（一）幼年創傷造成憤恨與疏離，進而生成暴力

1. 恆河猴實驗發現幼猴需要舒適膚觸的母愛，否則易抓狂

1957 年美國心理學家哈洛（Harry Harlow）在威斯康辛大學把一群剛出生的恆河猴從媽媽身邊帶走，並給小猴子做了兩個代理媽媽：一個是鐵絲網做的鐵媽媽，上面綁有奶瓶，可以給小猴子提供奶水；另一個是絨布做成的有舒適觸感的布媽媽，觀察小猴子和哪個媽媽接觸的時間更長。結果卻發現，小猴子更願意和那個能夠給它提供接觸感和依戀感的布媽媽待在一起，而不是那個只給他提供奶水卻沒有任何可以依戀的媽媽待在一起。每天二十四個小時中有將近十八個小時，小恆河猴待在能夠給他撫觸感的媽媽懷裡；而只有三個小時，趴在能夠給她奶水的媽媽懷裡吸奶；其他時間在兩邊跑來跑去。更發現當小猴受到驚嚇時，它會立馬奔向自己的布猴子「母親」，趴在它們懷裡，慢慢地安靜下來，因為布媽媽能夠提供給它心理安全的保障。而那些無法獲得母愛撫觸感也就是沒有布媽媽的小猴子，卻立刻失控，躺在地上瘋狂地抓撓自己，撞擊籠子，大聲尖叫等。[1]

1　每日頭條（2018-08-27）上個世紀的恆河猴實驗：「缺愛症」真的存在
　　https://kknews.cc/zh-tw/baby/p2mpq3p.html。

圖 4-1　對比鐵絲網媽媽小猴更喜歡絨布媽媽，顯示接觸感和依
戀感對小猴子非常重要。取自 youtube 搜尋 Harlow's
studies on dependency in monkeys

2. 依附模式的發現，你是哪種依附特質？

1965 年英國精神科醫師巴比（John Bowlby）發現在二次
大戰的倫敦地區兒童與偏遠地區兒童長大後有很大的心理差
別，進而提出依附理論（attachment theory）。因前者多在孤
兒院長大而後者多在父母培育下長大是導致其人際交往關係
不穩與穩定的關鍵因素。該理論認為兒童和重要照顧者（尤
其是母親）之間的互動品質，會影響終生的情感與社交生活。

依附系統稱為內在運作模式（尚可分對自己與對他人之
運作模式，也就是自信與信任），人會從和他人的互動過程
中學習，漸漸地形成對自我和對他人的印象，來做為未來和
外界環境互動時的參考。當我們和對我們重要的對象互動時，
對方總是支持的時候，我們就會充滿安全感，認為自己是一
個值得被愛的人，他人也是值得信任的，就會有穩定的自信

與信任，此時可稱「安全型依附」；但是當安全感未被滿足時，我們會開始擔心自己是否是值得被愛的，以及他人是否會愛我們，此時就會採取「不安全的依附策略」，此尚可分焦慮型依附或逃避型依附。

美國發展心理學者安茲沃斯（Mary Ainsworth）進一步設計實驗「陌生情境測驗」來測試嬰兒與母親的互動關係。該測驗是幼兒會被帶進一個不熟悉的房間當中，房間中擺滿了玩具。當母親在場時，幼兒會被鼓勵去探索周遭環境；但在幾分鐘後，一位陌生人會進來，接著母親會離開。在經過這次短暫分離之後，母親又會回到現場。研究人員要觀察的是，母親離開房間以及重回房間時，幼兒的反應如何？

根據她們的觀察結果，幼兒的反應主要可以分成三種。（1）安全型依附的幼兒，會在母親在場時，將母親做為探索世界的安全基地——心理學家稱為安全堡壘（secure base）；當母親離去之後，幼兒會變得很沮喪，但是當母親返回時，幼兒會去接近母親並感到很快樂。（2）不安全依附—迴避型則會和母親顯得疏遠，母親在場時無視母親，母親離開時也不會產生明顯失望的情緒，母親再次回來時也不會去尋求母親支持。（3）不安全依附—焦慮／矛盾型的小孩，則會在母親離去時顯得相當不安與焦慮，但在母親回來時，也不會變得特別開心，他們無法輕易的被安撫，同時對母親抱持著憤怒及抗拒；但在此同時，他們又很渴望和母親接觸。

　　加拿大心理學者 Kim Bathalomew 發展有名的「關係型態量表」（Relationship Style Scale, RSQ），詳見附錄（含計分說明），有興趣者可根據以下量表知道自己及親友的依附特質。也可以依據此來幫助自己與親友改善依附特質，改善方法可看搜尋影音「簡易身心輔導法」，後面也會細講。

　　3. 兒童逆境研究發現幼年受虐會使身心受創難以恢復。

　　1990 年左右由美國費立提醫師（Vincent Felitti）意外發現減肥病人成功減肥後仍有高的治療中斷率經問才知多有幼年受虐史。經正式研究一萬七千多位樣本（主要都是當時中產階級的白人，並且許多有大學教育程度），有將近三分之二的人有一個或一個以上的幼年逆境經驗 Adverse Childhood Experiences，簡稱 ACE，共 10 題，一題一分。如被辱罵、被打、被性侵、不被愛、不夠吃穿、父母離婚婚居、母親被打、有酒藥癮家人、有憂鬱或自殺家人、家人入獄。有八分之一的受試者 ACE 分數大於四分。研究發現 ACE 分數越高，在成年時期有著較高機率的身體與心理健康問題。此研究中的受試者有較高 ACE 分數的人，比起 ACE 分數是 0 的人，有著較高的機會得到癌症、憂鬱症、甚至是壽命較短等。而之後的相關研究也都指出，童年創傷與成年時期的各種身心狀況有關聯，像是飲酒問題、藥癮問題、肥胖症、高血壓、憂鬱症、自殺傾向、性傳染病、癌症、或是心血管疾病等等。經歷 7 種以上 ACEs 的人，罹患癌症、狹心症機率更高出一

般人 3 倍，平均壽命僅僅 60.6 歲，比其他人短少 19 年以上。國內孫頌賢教授發現成年人有 50% 至少有一項 ACE，13.26% 超過四項 ACE。

筆者建議有任何一項者請「早上吃 B 群、睡前吃鈣鎂」會穩定神經又好睡，細節詳後。

在負面環境成長中的孩子因為長期一直感受到威脅而恐懼，此會影響杏仁核無法好好的判斷外界訊息是否有具威脅性，常會把沒威脅的事情當作危險，甚至劇烈的反應。長期處於過度警覺（hyperarousal）的狀況下也會對大腦皮質區造成影響，像是大腦皮質前額葉（prefrontal cortex）使無法適當的調節杏仁核，導致孩童出現情緒調節受損或是暴力行為。[2]

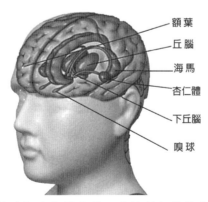

額葉

丘腦

海馬

杏仁體

下丘腦

嗅球

圖 4-2 情緒中樞杏仁核與推理中樞前額葉的位置圖

2　留佩萱（2016/1/4），〈 ACE 研究：受了傷的童年告訴我們什麼？ 〉https://www.parenting.com.tw/article/5074075。

4. 家庭暴力研究顯示家暴加害人與被害人都曾目睹暴力

研究家暴的美國社會學家 Hotaling 及 Sugarman[3] 收集 52 篇毆妻行為因素研究（如表 4-1），將共 97 個危險特質（risk marker）依證實之研究數的比率高低分四類，而七成以上研究都證實的因素稱「經常出現」的因素。而家暴夫妻因素中都七成以上研究證實的因素只有一個，就是夫妻都在「幼年時目睹父母間之暴力，73% 的被毆婦女研究數與 88% 家暴男性研究數證實此關聯。這顯示男童看過父母有暴力的兒童容易有毆妻行為，而女童看過父母有暴力的兒童容易找一暴力男子為伴侶。後者經筆者詢問多位被毆婦女其多稱若不找一男伴同居，自己無法脫離更暴力的原生家庭。

研究家暴者的加拿大心理學家 Dutton 等[4] 證實家暴者比一般組有高憤怒與高創傷分數，如表 4-2。而男童在家中受到身心創傷則容易發展出不安全依附特質及暴力人格而生成暴力行為，而不是只有單純的學習效果，如圖 4-3。這顯示即使家中有暴力而若學校或福利機構給予輔導及正確施教仍可改善其因創傷而不生成暴力行為。

---

3 Hotaling, G. T., & Sugarman, D. B. , 1986. An analysis of risk marks in husband to wife violence: The current state of knowledge. *Violence and Victims*,Vol. 1, No.2, 1986 . pp.101-124.

4 Dutton, D. G., Saunders, K., Starzomski, A., Bartholomew, K.. Intimacy-Anger and Insecure Attachment as Precursors of Abuse in Intimate Relationships. *Journal of Applied Social Psychology*, Vol. 24, No. 15, 1994. pp.1367–1386.

表 4-1 被毆婦女、毆妻者、及夫妻特質對毆妻行為之經常危險特質

	研究數	與毆妻行為之相關性			
		正相關	不顯著	負相關	其他
被毆婦女					
幼年時目睹父母間之暴力	15	11（73%）	4	0	0
毆妻者					
對妻或伴侶性侵害	3	3（100%）	0	0	
對其小孩施暴	3	3（100%）	0	0	
幼年時目睹父母間之暴力	16	14（88%）	2	0	
就業狀況	5	0	1	4（80%）	
酗酒	9	7（78%）	2	0	
收入	4	0	1	3（75%）	
自我肯定	4	0	1	3（75%）	
教育程度	11	0	2	8（73%）	1
夫妻特質					
經常之語言爭執	3	3（100%）	0	0	
宗教投入度不同	3	3（100%）	0	0	
婚姻之不滿足	6	0	1	5（83%）	
有無婚姻關係	5	0	1	4（80%）	
家庭收入／社會階級	9	0	2	7（78%）	

表 4-2 　控制組與毆妻組在主要變項之平均差異顯著分析
　　　　 Dutton,et al,1994）

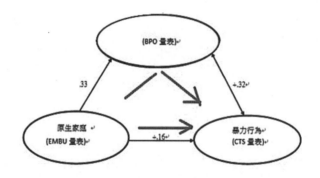

圖 4-3 　原生家庭影響暴力人格多於直接影響暴力行為（Dutton, et
　　　　 al, 1994）。

　　實際案例上，引發第二次大戰的希特勒，其幼年被酗酒
的父親打罵也常目睹父打母，然其父親也是私生子自幼就常
被打罵凌辱。所以其恨猶太人而發動種族屠殺，被分析是來
自氣憤猶太人醫師因家貧不給母親看病，甚至最後給錯藥而

身亡的恨意。[5]

　　看到了嗎？暴力被證實常是來自家庭暴力所造成的身心受創，長大後會霸凌與暴力，再繼續循環下去，直到有人社會正視找出積極預防與治療的方案，才會改善。

二、基因影響有多少

　　筆者常聽到心理師或精神科醫師在性侵或家暴者個案會議中稱某個案為病態人格（psychopathy，指行為常違反社會規範且無法建立情感連結的人）且無法治療只能靠監獄監禁。加拿大心理學教授海爾（Hare）認為病態人格者有基因的缺陷，故有遺傳且僵固的特質。但美國神經學教授法隆（Fallon）在一次大腦圖片研究中突然發現自己與嚴重罪犯病態人格者的大腦顯影圖片與基因竟然相同，且被告知家族以來有一長串的殺人犯。於是提出「腦部活動異常、基因、幼年受虐」三者需齊全才會發生病態人格（圖4-4）。其指出他被子女認為是脾氣超怪的人，但經自省可能因自己有一個能耐心教導的母親而讓其能有溫暖的環境與親情使讓自己沒變更壞而成為病態人格者。

5　每日頭條（2018-02-10）希特勒屠殺猶太人，原來是因為這個！原文網址：ht 希特勒屠殺猶太人，原來是因為這個！2018-02-10 原文網址：https://kknews.cc/history/3e85gqg。

A Scientist's Journey Through Psychopathy | Google Zeitgeist

圖 4-4　美國神經學法倫教授（Fallon）發現自己與嚴重罪犯的
　　　　大腦顯影圖片竟然相同，而提出三因論（資料來源：
　　　　youtube，搜尋 psychopathy fallon）。

三、代結論

　　從以上的恆河猴實驗、依附實驗、童年逆境研究、家暴
原因多源自曾目睹父母家暴、及法隆發現病態人格是來自基
因、腦功能缺損、及受虐三支柱缺一不可。以上在在都指向
人類的心理健全與幼年家中安全穩定的童年經驗有關。

　　以上可知若我們想要代代幸福、永久和平則必須自己努
力做到提供子女安全穩定的童年環境。然若自己或親友在幼
年曾有不舒服的經驗，則可以用以下本書的表格與方法，漸
漸讓自己改善，走出不舒服的童年經驗或往昔經驗。

四、誰能幫助您或您親友？

您覺得誰能幫助您或您親友，生理心理學家都鼓勵您要找到專業人員來幫助。但其實除非您有動機先瞭解後，如您或親友有傾向不安全感或脾氣暴躁的特質，您可以繼續看本書的下半部，就知道可以怎樣幫助幫助自己或親友調整心態與找到支援與幫助了。

在開始讀下半本書前，筆者也邀請填寫以下三工具，來評估屬於哪種依附特質？自我效能在同大學或高中職學歷者中屬於低中高的哪個分群？也可以從附錄 3 的工具知道自信幾成？對不舒服的事有幾成不舒服等。

做完後本書則可以根據需要找到有效的方法幫助自己或親友。

附錄 4-1　關係型態量表　（本量表可測量依附類型，含計分說明）

關係型態量表(Relationship Style Questionnaire, RSQ 王慶福版)

請您依每一題就您之感覺，圈選右邊的 1 至 5 中之一個數字　[]女生 []男生 ＿＿＿年級

S	F	P	D		1 非常不贊成	2 有點不贊成	3 一半一半	4 有點贊成	5 非常贊成
6	6	6	6						
				1.和別人親近會讓我覺得不舒服	1	2	3	4	5
				2.我發現自己很容易和別人親近	1	2	3	4	5
				3.即使沒有任何親近的情感關係我仍過得很自在	1	2	3	4	5
				4.我想要情感上的親密關係，但卻很難完全信賴別人	1	2	3	4	5
				5.對我來說，獨立和自給自足的感覺是非常重要的	1	2	3	4	5
				6.我擔心如果和別人太親近會容易受到傷害	1	2	3	4	5
				7.我會擔心別人並不那麼想跟我在一起	1	2	3	4	5
				8.我不喜歡依賴別人	1	2	3	4	5
				9.我會擔心別人不如我看重他們那樣的看重我	1	2	3	4	5
				10.我不會擔心自己孤單一人	1	2	3	4	5
				11.當別人太親近我時，會讓我感覺不自在	1	2	3	4	5

		12.我會擔心別人並不真正喜歡我	1	2	3	4	5
	*	13.我很少擔心別人不接納我	1	2	3	4	5
		14.我寧可和別人保持距離以避免失望	1	2	3	4	5
		15.當別人想要和我更親近時，我會感到不安焦慮	1	2	3	4	5
*		16.我對自己不滿意	1	2	3	4	5
		17.通常我寧可自己一個人比較自由	1	2	3	4	5
		18.我發現自己一直在尋求別人的接納並藉以肯定自己	1	2	3	4	5
		19.我了解自己的優點與缺點，並且喜歡自己	1	2	3	4	5
		20.我時常太過於在乎別人對我的看法	1	2	3	4	5
		21.我可以很自在的讓別人依賴我	1	2	3	4	5
		22.一個人的生活就可以過得很好了	1	2	3	4	5
		23.即使別人不欣賞我，我仍然能肯定自己的價值	1	2	3	4	5
		24.當我需要朋友的時候，總會找得到人的	1	2	3	4	5

註：1.有*之星號者請反向計分 2.本量表原由 Kim Bartholomew(1992)建立，
　　本信效度均有台灣之樣本所建立，詳王慶福之博士論文。

增問：

你現在有幾成自信呢？ ＿＿＿＿ 成。

你現在有幾成可以安心信任別人呢？ ＿＿＿＿ 成。

你對最不舒服事有幾成不舒服？ ＿＿＿＿ 成。

對第二不舒服事有幾成不舒服 ＿＿＿＿ 成。

依附量表的計分方式

1. 先依次填答每題，將每題您的答覆在右邊之數字上打勾選答指引：

「非常不贊成」則選 1

「有點不贊成」則選 2

「一半一半」則選 3

「有點贊成」則選 4

「非常贊成」則選 5

2. 填完後將每題之所選之數字，填入於右邊之粗線框框內 。

注意 1. 若框框內有星號 * 者則反向計分，如原填 1 則填入 5，原填 4 則填入 2，而原填 3 則仍填 3。

注意 2. 有些題目沒有粗框，則不予計分。

3. 在左上角之 SFPD 之下一框中，計下該字母下的六
   個「粗框」分數之總和，寫在該字母下方。（以下
   步驟可省略。再將該數字除以下框之數字，算至小
   數點第一位後四捨五入）如下。

S	F	P	D
24	18	12	21
6	6	6	6
4	3	2	3.5

4. 以分數最高者為主要依附類型，而第二高者為次要
   依附類型。由此上例，可知 4 分之 S 為主要，而 3.5
   分之 D 為次要。

5. 各依附類型與成人之親密關係行為。

表 a　Bartholonew 之依附型式：

		對自己的信任	
		＋	－
對他人的信任	＋	（＋　＋） 安全型依附（S） secure attachment	（－　＋） 焦慮型依附（P） anxious/preoccupied attachment
	－	（＋　－） 排拒型依附（D） dismissing attachment	（－　－） 畏避型依附（F） Fearful attachment

表 b　Bartholonew 之成人之親密與依附型式：

依附型式	內在的工作模式	人際的目的／策略	對親密的影響
安全型依附	正面的自我／正面的他人	・適當的自我表露 ・尋求支持	高層次的親密
焦慮／矛盾型依附	負面的自我／正面的他人	・尋求贊同 ・想操控他人 ・滿腦子想建立關係	親密層次經常變動，但不會滿足
畏懼型	負面的自我／負面的他人	・主動避開社交接觸 ・害怕親近關係 ・害怕被拒絕	表面或膚淺的親密
排拒型	正面的自我／負面的他人	・輕視親近關係的價值 ・疏遠	非常低層次的親密

可詳見 http://www.sfu.ca/psychology/groups/faculty/bartholomew/research/attachment/rsq.htm

附錄 4-2　一般自我效能感量表

姓名 _____ 填寫日期 ___ 年 ___ 月 ___ 日

（指導語）以下 10 個句子關於你平時對你自己的一般看法，請你根據你的實際情況（實際感受），在右面合適的數字上打「V」。答案沒有對錯之分，對每一個句子請無須多考慮。	完全不正確	有點不正確	有點正確	完全正確
1 如果我盡力去做的話，我總是能夠解決問題的	1	2	3	4
2 即使別人反對我，我仍有辦法取得我所想要的	1	2	3	4
3 對我來說，堅持理想和達成目標是輕而易舉的	1	2	3	4
4 我自信能有效地應付任何突如其來的事情	1	2	3	4
5 以我的才智，我一定能應付意料之外的情況	1	2	3	4
6 如果我付出必要的努力，我一定能解決大多數的難題	1	2	3	4
7 我能冷靜地面對困難，因為我相信自己處理問題的能力	1	2	3	4
8 面對一個難題時，我通常能找到幾個解決方法	1	2	3	4
9 有麻煩的時候，我通常能想到一些應付的方法	1	2	3	4
10 無論什麼事在我身上發生，我都能應付自如	1	2	3	4

王才康 10 題版　取自王才康、劉勇（2000）　　　　總分 _____

1. 自我效能的定義是一個人在面對與因應困難的自信程度。大陸地區男女大學生在 GSES 上平均總分為 26.9 和 25.5（標準差各 5.7 與 5.3），和其他亞洲國家（或地區）的得分比較接近，但顯著低於國際平均水準。男女高中生在 GSES 上得分為 25.2 和 23.9（標準差各 4.8 與 5.1），（高中職版見：胡象嶺、田春鳳、孫方盡，2012）。台灣地區的常模目前建立中。

2. 請您計算（總分 - 平均數）／標準差 ＝ ＿＿＿＿＿

   請根據左邊分數（即 Z 分數）擇一打勾。

   [　] -1 以下屬低（末端 16%）。

   [　] -1 ～ 0 以下屬於中低（負面端稍好之 34%）。

   [　] 0 ～ +1 屬於中高（正面端稍好之 34%）。

   [　] 1 以上屬於高（前端 16%）。

王才康、劉勇（2000）〈一般自我效能感與特質焦慮、狀態焦慮和考試焦慮的相關研究〉。《中國臨床心理學雜誌》，4 期，229-230。

胡象嶺、田春鳳、孫方盡（2012）中文版〈一般自我效能量表的信度和效度檢驗〉。

心理學家從身心保健、墨子兼愛、善意溝通談維持平和和平

附錄 4-3　身心自我協助自填表

　姓名：_____　年齡（實）歲：_____

　說明：本表適成癮者或心理困擾者。先回答 A 題群，再分 5 周回答 B 題群，網路影音課程可搜 youtube 簡易身心輔導法。

　A1、我對自己的自信有幾成 ____ 成。

　　　或圈選一數字 0 1 2 3 4 5 6 7 8 9 10

　A2、我有幾成接納自己 ____ 成。

　　　或圈選一數字 0 1 2 3 4 5 6 7 8 9 10

　A3、我在煩亂的時候可以幾成掌握自己的情緒，幾成 ___。

　　　或圈選一數字 0 1 2 3 4 5 6 7 8 9 10

　　　（實施以下邊作邊完成的項目）

A4	你想要自在嗎？ （自在定義為幸福的 感覺）	[　]不要 [　]要	你要的自在是什麼？ 可怎樣達到？
A5	我的兩個優點是？		
A6	我至今最快樂是在哪兩 個情況，幾成快樂？	＿＿＿成快樂	＿＿＿成快樂
A7	你想的到最能讓你興奮 的兩個休閒活動是什麼。 寫兩項。	（不一定作過， 也可以是嚮往） ＿＿＿成快樂	（不一定作過， 也可以是嚮往） ＿＿＿成快樂
A8	不舒服事不舒服程度。	心理最不舒服的事 有幾成不舒服？ ＿＿＿成	心理第二不舒服的事有 幾成不舒服？＿＿＿成

心理學家從身心保健、墨子兼愛、善意溝通談維持平和和平

		次	1	2	3	4	5	次	1	2	3	4	5
B1	說「我有 XX 的優點，我有自信」五次，計算眨眼與漂移（若各 5 與 2，記為 5、2、7）可手機錄影後計算。	眨眼						眨眼					
		漂移						漂移					
		合計						合計					
B2	對眼說信任法。說「你有幫我的優點，我信任你」說五次，計算眨眼與漂移。	次	1	2	3	4	5	次	1	2	3	4	5
		眨眼						眨眼					
		漂移						漂移					
		合計						合計					
B3	「負面的想法不要來，我不信任你」。	眨眼						眨眼					
		漂移						漂移					
		合計						合計					
B4	（成癮者增此）「我不再用了，你別再找我」。	眨眼						眨眼					
		漂移						漂移					
		合計						合計					
B5	心理最不舒服的事。有幾成不舒服？		1 __成	2 __成	3 __成	4 __成	5 __成	心理第二不舒服的事。有幾成不舒服？	1 __成	2 __成	3 __成	4 __成	5 成
	怎樣看待不舒服事。							怎樣看待不舒服事。					

一、我現在對自己的自信有幾成 ＿＿＿ 成。

　　或圈選一數字 0 1 2 3 4 5 6 7 8 9 10。

　　我有幾成接納自己 ＿＿＿ 成。

二、我現在覺得可以幾成掌握自己的情緒？ ＿＿＿ 成。

　　或圈選一數字 0 1 2 3 4 5 6 7 8 9 10。

　　可在網路影音搜尋「簡易身心輔導法」：有

　　　[　] 對眼說自信

　　　[　] 經絡敲打

　　　[　] 身心營養保健

　　　[　] 經絡按摩

　　　[　] 易筋經

　　　＊＊影音搜尋林明傑易筋經或中正大學易筋經

第二篇

作法篇：學會善意溝通六問句
　　　　應用於個人、人際、
　　　　家庭、社會、國際

第 5 章

身心常煩亂，平和小技巧：
怎樣做到身心和平

　　如前所述，從引發第二次大戰的希特勒，其幼年被酗酒的父親打罵也常目睹父打母，而其父親也是私生子自幼就常被打罵凌辱而酗酒。廣大曾幼年遭童年不舒服經驗而導致身心不安適者及其親友與社工員心理師，請跟著一起跟著本章一起找到簡易的身心保健法，讓身心重新得到安適與自在。

一、身心平和小技巧

　　筆者在前面提到「人類行為四關鍵」還記的是哪四個嗎？

　　人類行為四關鍵就是：悶來的、學來的、想來的、神經營養不足或生理異常來的。

　　以上四個都是行為的關鍵，因這四關鍵都已經有一段時間，甚至是從小，筆者也稱之為行為四遠因。這四關鍵都約各佔四分之一也就是百分之二十五，所以不可偏廢，即使偏廢一個，就需知道其他要能更認真補強才能拿到六十分的及格分。

　　以下筆者根據自己輔導治療經驗並收集很棒的資料一起呈現給大家，讓大家知道可用哪些方法讓自己與親友好些。

　　以下筆者接著提出「自我改善四步驟」，也就是「確定方向、找出優點、找出作法、營養身心」。這可用來協助你或你的親友來改善身心的四個步驟，這需要循序漸進才行。

　　首先，第一、確定方向。筆者想要先問您或您親友「是否想讓自己身心自在嗎？」若不想，則任何再好的方法都難以使接受；若想，就可以有機會可以改善。筆者接著再問「怎樣做可以讓自己永遠不會身心不舒服？」，若回答不知道，但想知道。就能可以繼續。此時，筆者鼓勵您或您親友先完成第一篇末的關係型態量表、自我效能測驗、及身心自我協助自填表。做完並且評分完畢就可以知道「屬於安全型依附或不安全型依附？」、「自我效能程度屬於低中高哪層級？」、「至今心中最不舒服的事有幾成不舒服？」。

　　若您或親友過去曾有很不舒服經驗而讓自己難以踏出第一步，筆者建議先到前一章做完附錄的三個評估表格，務必

做到附錄 4-3 的 A 題群。或許至今仍在自信 4 成或以下，或心中仍有很不舒服的事且仍在六或以上的不舒服。而這些都會終身讓心理阻滯不前。若真有此些情況，筆者鼓勵找到最喜歡的音樂並讓自己身心放空兩周，下班後不想煩惱的事、甚至回憶自己正處在過去最快樂的兩件戶外活動並讓自己在該情境中找回快樂與放鬆。之後再告訴自己給自己力量來填寫評估表與找到想要的正面方向。

第二、找到優點。會有「找出優點」的作法是因為筆者發現心理困擾者常會有低自尊與低自我效能，也就是不太覺得自己有自信與自己有能力解決問題。而也會因此對於「確定方向」後要「找出優點」，讓自己確認自己確實有很讚的優點，且不要想輕易放棄自己的自信，因此筆者發現若給予此訓練則猶如找到好的動力。也就是確定方向只是握住方向盤，而沒有汽油則汽車仍會停留原地，所以若能鼓勵「找到優點」將猶如找到汽油，讓汽車可以發動。

找出優點是引用社會工作學的「優勢觀點」與心理治療學的「正向心理學」，他們都認為人們本來自身就有復原的力量，而專業者只需協助並鼓勵案主辨認與運用這些原本就有的優點與力量就可以讓案主可以找到復原的方向與做法。實際做法可以用以下問句。

1. 請講出自己的 2 個優點。如果想不出來，就想你是否

曾幫長輩什麼忙或完成老闆交待的什麼事而之後他們給您感謝或工資。如曾作美甲學徒或去做粗工領日薪等。

2. 練習自信與信任如以下。近年發現心理困擾的案主多有自信與信任之問題，而此可能會使案主在認知行為上有扭曲之想法與行為，故確實須增加訓練自信與信任之課程。筆者將此一改善課程放在 youtube 影音，請搜尋「簡易身心輔導法」。

（1）自信練習上，請對著手機錄影自己或照鏡子，並說五次一回合「我有 XX 的優點，我有自信」。並且放出錄影以計算「眨眼」與「眼珠飄移」的合計次數。對於自信很低者的眨眼與眼珠飄移合計會超過二三十。之後，可以一周練習四、五回合，並逐步改善到零或一就可以停。[1]

（2）信任練習上，也鼓勵案主照鏡子或用智慧型手機

1 Gyurak & Ayduk（2007）眨眼數證實與低自尊成正比，而注意力控制（如練習對眼說話）可提升注意力改善自尊 Gyurak, A.& Ayduk, O.（2007）. Defensive physiological reactions to rejection: the effect of self-esteem and attentional control on startle responses. Psychological Science. 18（10）:886-892.另高焦慮者會快速注意到情緒面孔，而低焦慮者顯著少。眼球追蹤（eye-tracking）可以確認此。Garner, M.,Mogg, K.,& Bradley, B .P.（2006）. Orienting and maintenance of gaze to facial expressions in social anxiety. Journal of Abnormal Psychology. 115（4）, 760-770.

錄影作自我練習。回憶對自己最信任的人講出信任的話，連續慢慢說出「你有幫我的優點，我信任你」五次一回合，再用手機錄影放出影音計算自己的眨眼與眼珠飄移的總合計次數，並逐步改善到零或一就可以停。

（3）最後，若是對酒藥或網路成癮之成癮者，則須說「我沒再用（喝）了，別再找我了，或憂鬱沒自信者說出「負面想法不要來，我不信任你」五次，再用手機錄影放出影音計算自己的眨眼與眼珠飄移的總合計次數。並逐步改善到零或一就可以停。此部分難度高，若可能須鼓勵自己做到並給自己正面的獎勵，如吃頓好料。

第三、找出作法。這裡會引用所找出較有效心理學與社會學的方式來一一改善。這裡會介紹被確認心理治療中一直被證實是最有療效的「認知行為療法」，本法認為每個人的困擾心裡都來自對高危險情況、想法、情緒、行為（這可稱「行為四因素」，因為都在行為發生前的一連串過程，因此也叫做「行為四近因」）的行為鏈長期未能辨認與未能轉換到身心自在的認知行為鏈。所以只要能教導案主做好辨認與轉換「情況、想法、情緒、行為」就能有成功經驗而繼續維持正面結果。在此舉例為何會有如前之順序。筆者常做比喻說給案主「若一個人在高速公路上開車，但覺得肚子餓了，

總共可以有哪些做法呢？」案主通常會回答「可以到休息站、下交流道找餐飲店、車上找東西吃、而沒錢也沒食物就一路餓到家」，於是我就接著問？那情況是什麼、想法有哪些、情緒又各有哪些、行為又各有哪些。這樣就能更清楚這四近因的區別。

以下就來介紹正確做法。

（1）辨認與轉換「情況」：特別在那些情況，會引發不舒服事情？＿＿＿＿＿＿＿＿＿＿＿＿＿＿＿

　　　以後可怎樣避開這些情況？＿＿＿＿＿＿＿＿＿

（2）辨認與轉換「想法」：想法很關鍵。請想「有哪些想法讓自己越來越不舒暢？換哪些想法會讓自己好些？」換到合理自在的想法其實是最快的方式，但也常有難度，畢竟是自己來選擇及決定想法，外人幫不上太多忙，但選擇讓自己不舒服的想法就必定會有後面的不舒服情緒與行為。筆者常會在團體輔導中鼓勵大家一起幫忙想，並詢問接受程度為何，而若不接受會有哪些後果？也提出想法須符合「好想法三原則」，第一：不看不起（別人與自己）；第二：不傷害（別人與自己）；第三：能自在（或不計較）。請用一周時間好好想，也可去看書、查網路、或問宗教場所「可用

怎樣的想法或做法來面對跟家人目前的困難？」，
可看以下的例子。

讓自己不舒服的想法有哪些？＿＿＿＿＿＿＿＿＿

可去哪裡找到好想法的資源與資料，如問長者、找書、
勵志的網路資料。

找到符合好想法三原則的新想法是什麼？＿＿＿＿＿

符合請打勾 [　] 不看不起 [　] 不傷害 [　] 不計較

（3）辨認與轉換「情緒」：長期以來情緒若一直沒改
　　善，常常會很快跑出憤怒或憂鬱甚至絕望。因此，
　　會鼓勵要能在認出過去的不舒服情緒是什麼情緒？
　　根源是什麼？並讓自己在情緒尚未惡化前做好「深
　　呼吸喝水法」以快速放鬆情緒、也可做「深呼吸鬆
　　肩膀法」。這兩動作都是心理學驗證身體只能有緊
　　繃與放鬆兩極端狀態的一種（此被稱為「交互抑制
　　法」），所以當憤怒或憂鬱時若慢慢喝下一兩口水
　　或做三次大口呼吸鬆肩，就會鬆開緊繃達到放鬆而
　　自在些。

（4）辨認與轉換「行為」：行為是不舒服行為鍊的最後
　　一關，此時常見會憤怒、抓狂、憂鬱、焦慮、或絕

望等。其實只要在最後一刻前做好翻轉，仍是不用到負面行為。如打開喜歡的輕音樂、憤怒地對枕頭開罵、若不想吵到鄰居可以關好門或用布或衣服遮住嘴巴罵出氣話等。

第四、營養身心。這裡會講根據近年神經營養學的新發現提供有關營養身心的超讚建議，讓自己與親友終身都能從營養改善身心。國人近三十年的營養調查常缺乏 B2、D、鈣、鎂、鋅，所以補充維生素 B 群、鈣鎂鋅是每位國人本就需要。會缺乏 B 群是因為國人很少人會吃糙米、全麥麵包、豬肝，也很少吃起司，所以補充營養品算最快的方式。也可以開始**多吃糙米以補充 B 群，而多吃豆腐與黑芝麻則可補充鈣**。維生素 B 群除幫助醣類等代謝外，保護肝臟正常運作也保護腦部及神經系統穩定。鈣則是健全骨骼必備，但也穩定神經與脾氣而維生素 D 會添加在鈣鎂片中促吸收。**鎂除可幫助食物代謝外，更可保護心臟、肌肉及神經，使能放鬆且幫助睡眠，酗酒、失眠、容易抽筋者更需補充。鎂可預防慢性病，而鋅被證實可抗發炎與抗憂鬱。鈣鎂片會有維生素 D，維生素 B 群有八種其功能可搜尋查知。**

四十年來研究均確認深海魚油富含 omega 3 的不飽和脂肪酸，而其進入體內可分解為 EPA 與 DHA，各是天然消炎劑與神經細胞細胞膜組合物，因近年來已經確認身心的慢性病是來自慢性發炎，如心血管疾病與精神異常，所以可以幫助

改善心血管疾病與神經系統。[2]

所以筆者會建議國人可每天補充「B群、魚油、鈣鎂片」。前兩者，每天可一到三顆，魚油成分為omega 3可分解為EPA與DHA總和每天不超過2000毫克；成人每天鈣約需一千毫克，鎂每天約需四百毫克，台灣成人平均約只有攝取各四百與二百毫克。服用順序為**早上B群與魚油，而晚飯後或睡前可服用鈣鎂片**[3]。但若有失眠或憤怒憂鬱則可以各加倍，鈣鎂片被確認是天然的情緒穩定劑、安眠劑、與止痛劑，也可以晚餐後與睡前各一顆（請留意營養成分可能寫每份或每顆的鈣鎂劑量），讓自己能開始保健情緒與舒眠，但糖尿病或腎臟病者請改為晚餐後一顆。而親友中有酗酒、藥癮、菸癮、網路成癮，更是需要加倍補充，讓自己漸次改善身心。尤其鎂可以保護心臟搏動穩定，促進身心穩定，也幫助酗酒者心臟細胞的鎂之嚴重流失。鋅與蛋白質及核酸的合成有密切的關係。缺鋅時會掉髮、指甲脆裂、感冒頻繁、甚至憂鬱。至於營養品，筆者建議可去生鮮超市或大賣場都可找到價廉

2　可看兩書，陳俊旭（2020），《發炎，並不是件壞事》，台北：新自然主義。歐陽英、徐凡（2016），《發炎，是救命的警訊！90%的疾病都從發炎開始，養生大師歐陽英最實用簡單的88道茶、湯、粥、果汁，讓你擺脫疾病的糾纏》，台北：時報。

　　請看營養成分時看清楚是整瓶共幾顆，共幾份，若是寫每瓶90顆而寫30份，表每天吃3顆算一份，並會寫每顆幾毫克或寫每份幾毫克。

3　楊哲雄（2021/01/11），「鈣、鎂」包辦國人最缺乏的礦物質前兩名，十人就有九人鈣吃不夠 https://www.thenewslens.com/article/145697。

與合格的營養品，每罐約三四百元左右，每日一兩顆，可有三或四個月的份量。筆者提供的飲食營養品口訣是「**天天五蔬果、周周兩海魚、早上吃 B 群、睡前鈣鎂鋅**」[4]。

若預防疾病或惡化，不知哪些營養品，可問醫師、藥師、營養師、或搜尋「病名＋營養品＋師」找到建議。此外，如第二步驟有「對眼說自信」也可促使需要者營養自己內心並建立穩定的自信，筆者發現自信在 7 到 9 成是最穩定的，過低與過高都有情緒或行為不穩的問題，可以藉由練習慢慢達到 7 到 9 成。

但若過去曾有嚴重心理創傷的人，則鼓勵用在 youtube 影音上的「簡易身心輔導法」中段的「（情緒釋放經絡敲打法）EFT, emotional freedom therapy。2015 年起被多篇研究確認為是最快改善心理憂鬱、焦慮、創傷的心理治療技術，可搜尋（pubmed、EFT、meta、depression anxiety PTSD）」。讓過去的不舒服經驗不會再是羈絆身心舒服的阻礙。本章後段有介紹。

4　蔬果的每一份量是自己的一個拳頭大小，五蔬果須是三蔬菜兩水果，台灣癌症學會提倡更周全的防癌飲食為「蔬果五七九」，是六歲以下兒童五份、婦女七份、男生九份，均是蔬大於果一份。海魚的 omega 3 含量排行前二為秋刀魚、鯖魚，都很便宜。B 群須買緩慢釋放長效型，鈣鎂鋅都會在一顆裡面，可買全聯的培恩或好市多的科克蘭，都算價廉物美。

圖 5-1　對眼說自信，可以找人對練或用手機自己錄影後計算眨眼與飄移數的合計直到 0（資料來源：youtube，搜尋簡易身心輔導法）。

二、看看身心平和的好例子—改變想法就改變作法

（一）看成功例子怎麼做

1.碰到困境，自我嘲解

2500 年前希臘哲學家蘇格拉底有一次，蘇格拉底正在和學生們討論學術問題，互相爭論的時候，他的妻子氣衝衝地跑進來，把蘇格拉底大罵了一頓之後，又出去提一桶水，潑到蘇格拉底身上。在場的學生們都以為蘇格拉底這次必定會怒斥妻子一頓，哪知蘇格拉底摸了摸渾身濕透的衣服說「我就知道，打雷以後，一定會下大雨的。」

2. 目睹暴力，選擇原諒

　　林作賢老師也是位作家曾講出[5]他不堪的童年，他不讓幼年經驗繼續影響自己而選擇講出來，並告訴大家可以選擇走出來幫助有需要的人並讓自己釋懷。

　　「我媽媽被用熱水燙死、爸爸被用電鍋砸死，而且都是被同一個人（爸爸的外遇者）殺的，這真的是很誇張的事……」，回憶起過去往事，還是會不時眼眶泛淚，眼前這位說起話來滔滔不絕、感覺是個樂觀派的人，很難想像他背著如此沉痛的故事。在他年僅 15 歲那年，母親被父親的外遇對象推進浴缸，用熱水活活燙死。父親還將兄妹六人丟到孤兒院。過了 20 年後，父親最後又竟被小三用電鍋狠狠砸死。「過去我不敢讓任何人知道我發生的事，因為害怕社會的眼光，但是現在我想把這故事分享給大家，因為想讓大家知道，經歷這些傷害的孩子，最後沒有走歪」，最後他說出一句更讓人難以置信的話：「我發現當我原諒那個小三時，我也原諒了我自己……。」

　　爸爸死後，林作賢一時間面對太多衝擊，也曾動過輕生念頭，但他最後沒有放棄生命，「我停下來，我想起我的家人，我的女兒，我應該把我的經歷和想法告訴他們，並且和他們

5　東森新聞（2018/09/12）小三燙死我媽、電鍋砸死我爸。他：我原諒她了
　　https://www.setn.com/News.aspx?NewsID=428018

分享，我怎麼從這些負面的人生走向」，決定坦然面對一切，「經歷過這些傷害，我們 6 個兄弟姐妹都沒有走歪，我們靠自己力量撐過來，這是很不容易的事」，甚至林作賢也把這些經歷化作人生的養分，「你真的痛過才會知道什麼叫痛，但這些痛卻讓我成為一個有故事的人，並且能用這些故事幫助別人。」

3. 氣妻賭博被神勸

筆者曾輔導一位個案在深夜 11 點半才從臺東摘檳榔返回嘉義家中，看到讀國中、國小的子女尚未吃晚飯，且仍在看電視，也還沒寫完功課，問母親在哪？子女回說「還沒回來」。個案就氣得跑去妻子常去的賭場打妻子一巴掌。其妻報警並聲請保護令，於是個案就來參加認知教育輔導課程。

到第七堂課，上到「好想法三原則」，第一：不傷害（別人與自己）；第二：不看不起（別人與自己）；第三：能自在。請個案能回家做一功課，回家思考「可以如何來想跟家人目前困難的情形，但是一定要符合好想法三原則」下週回來跟大家分享。請個案去社區中找說話有道理的人、親友、還是宗教場所的人去問問看，或者想想以前曾讀過哪些書，裡面講過有道理的話，或人生中曾聽過哪些有道理的話。隔一週他拿出一張 A4 的白紙說「老師我已經想到了，我是去問我們家附近的王爺廟，我去問廟公，他說可以直接問王爺，而他是乩身。於是拜拜後王爺就起駕指示寫下：『人生本是苦海

池,夫妻難說不吵架,但是你若能看破,人生快樂百百年』。」筆者問大家對王爺的看法有無違反「好想法三原則」?大家都說沒有,筆者問其對王爺之建議有何想法,能否接受?他說這有道理也能接受。筆者再告知「好做法三原則」強調與三想法都一樣只是改為做法,請他再回去想一個禮拜,下週報告後才能做。隔週個案表示他已經想到,而且也已經做了。經問個案做了什麼?他表示「用心想後突然想到,回家後去住家附近派出所問警員是否需要分數?並知道何處有賭場,警員均很高興而跟個案去捉賭」。二天後看妻子在家很無聊,問說是否幫她找事做,妻子答應之。於是找到一家庭加工藝品未完成品帶回家做加工,而其妻子也開始認真做。

4. 氣妻帶兒去教會、找到佛堂放祖先牌位才安心

　　筆者曾輔導一位 50 多歲的男性婚暴者,20 年前經介紹認識一位基督教的女子,結婚前該女子同意絕不帶子女去基督教堂,但是生了一位兒子,國中後太太就帶他去教堂,他很生氣,一次爭吵後拿刀把太太殺到重傷後判刑入獄。出獄後又不斷騷擾太太,被聲請保護令,仍酗酒且還是很氣兒子改信基督教後祖先就沒人能拜拜了。輔導團體中討論到好想法三原則,課程中他想不出來,有同學提議在家附近的佛堂問問若安置祖先的牌位大約要多少錢,也告知祖先牌位在佛堂就能每天每月都吃得很好,也一定比擺在家中還要好很多,鼓勵他去問問看。隔一週很高興的說,他找到兩間佛堂都是

很便宜，一個牌位都一萬到一萬二。從此以後每次來他就輕鬆很多也能談笑風生不再是每天憂慮祖先沒人拜的問題，也感謝同學的幫忙。

5. 妻氣夫老跑酒家而猛喝酒、雙方都威脅殺死小孩

阿芳是家庭主婦三年前起每天喝一箱啤酒，也有四年的憂鬱與恐慌，工程包商的先生阿和氣她沒帶好兩位讀小學的子女，也沒能要求上網參加學校直播課程與課業。最後夫妻互相動手，也都對子女動手威嚇要帶子女去死。子女都被寄養且法官判決夫妻要參加輔導。但兩三個月未參加輔導。經筆者請團體成員幫忙協助打電話鼓勵夫妻一起來參加團體輔導，並介紹輔導都在討論如何解決問題讓自己好些。參加後筆者詢問妻「喝酒對你來說是增加快樂還是減少痛苦？還是各佔幾成？」「當然都是減少痛苦。」「怎麼說？」「他都要去酒家談生意，要我在家顧小孩但不知道他在抱哪個女人！」詢問太太哪個需要沒被先生顧到？「生理、安全感、歸屬感、尊重、自由、樂趣」，她說「安全感、歸屬感、尊重、樂趣」。再問先生「哪個需要沒被太太顧到？」他說「安全感、歸屬感、尊重、樂趣」。我再問「怎樣圓融雙方的不舒服？」先生說願意少去酒家談生意，改去一般餐廳。太太說這樣她願意試試少喝酒。

筆者鼓勵減酒需要維生素 B 群，而失眠需要鈣鎂鋅片，

憂鬱兩者都需要。一周後夫告知妻兩天後就完全沒再喝酒。夫也說兩人感情越來越好，周末都一起出遊，也一起來參加筆者在某周日辦理的大林大愛獨木舟活動。

（二）看失敗例子怎樣沒避開

1. 幼年經驗差後常酗酒

2010 年某男子有藥酒癮且失業曾向妻子要錢不成，兩人口角後，竟趁妻女睡覺時在家燒炭，想要同歸於盡，所幸被同住親人發現，全家獲救，縣府社會處緊急介入將其幼女安置，不料三天後再衝到妻子上班處挾持妻上車，傍晚駕車衝入將軍漁港，之後確認車內一男一女已喪命。該男幼年父亡後母改嫁，由祖父母照顧，國中起就偏差行為不斷，工作也不穩定。[6]

2. 氣妻離婚憤而撞死妻與律師

2017 年 44 歲的平常內向的洪男與妻分居，與妻在地院家事調解室調解時，雙方對兩子女監護權發生爭執，洪不滿律師太過強勢，也氣妻出爾反爾。洪男步出法庭後，開車看兩人在車前，瞬間在暴怒中升起殺人犯意，竟駕車朝之身後

6　蘋果日報（2010），夫押妻車衝海雙亡 https://tw.appledaily.com/headline/20100514/EXQOBO746ELJ55FNCVZ4HXIOHI/。

撞擊並輾過身體導致兩人皆亡。[7]

3. 自幼目睹，殺死老爸

　　高雄一名男子二十年來目睹父親對母親家暴，並常磨刀恐嚇要殺母親，案發前一晚父親又磨刀威脅要扭斷母親脖子，他想和父親談判，但整夜在房外徘徊掙扎，開不了口，昨早他趁母親叫妹妹起床空檔，持殺魚刀刺熟睡的父親四刀，父親肚破腸流慘死。孝子弒父後報警自首，他說：「明知這樣做不對，但爸爸若真傷害媽媽怎麼辦？只有這樣才能保護媽媽！」訊後被依殺人罪移送，聲押獲准。[8]

　　若能通報家暴後，員警會每週前去關心雙方而社工也會訪視被害人，聲請保護令後也可要求加害人參加輔導治療。目前通報後若追蹤一年約有五成不再犯，而聲請保護令後約有八成不再犯，參加輔導治療後約有九成五不再犯。

4. 憂鬱丈夫，殺妻自殺

　　68 歲罹患憂鬱症的李姓丈夫，疑似先殺死 65 歲鄭姓妻子後，再跑到頂樓水塔邊輕生。住在日本的女兒致電返家無

7　中國時報（2020/8/7）法院外撞死離婚妻與律師、狠夫洪當興自首更一審死刑改判無期，https://www.chinatimes.com/realtimenews/20200807001564-260402?chdtv。

8　蘋果日報（2014/11/04），〈目睹老爸磨刀毆妻 20 年掙扎一夜孝子護母弒父〉，https://tw.appledaily.com/headline/20141104/2V23GIBXYFCUQ4M5KHEB36LZAI/。

人接聽，請親友前往家中察看，赫然發現夫妻倆皆已身亡，警方獲報封鎖現場調查，研判李姓丈夫疑似病發後起意殺妻再自殺。前一周女兒致電母親，商討是否將父親送往療養院時，在電話中聽到父親在旁說不用了，還說「再過些日子妳就知道如何安排處理了。」[9]

三、超簡單的身心平和方法

除了以上所說的身心營養保健法外，筆者也整理超簡單且有益身心方法，包含思索自己的出生任務、夏威夷療法、穴位保健法、簡易氣功。

（一）思索自己的出生任務

一位專攻催眠且開業的美國諮商博士麥克‧紐頓（Micheal Newton）是在無意間接受一位長期治療無門的心臟刺痛男患者的請求而實施催眠，竟發現是因為前世在一次大戰戰場上被刺刀刺死，而後整理出完整的靈魂七層次與所有靈魂是從一個巨大意識體剝落而可自由選擇想要遇見的人與想要的人生，並透露出靈魂出入人生的目的是學習，可查閱《靈魂的旅程》一書或其影音與讀書心得。（十方書編輯室譯，2012）。日本天文學家木内鶴彦也在三次瀕死經驗中看到宇

---

9 蘋果日報（2020）〈新莊驚傳雙屍命案，夫疑殺妻後水塔輕生〉，https://tw.appledaily.com/local/20200624/OIX2QI7CJQ26S2R4QAI3746M7Q/。

宙開始前的巨大意識體。[10]

　　美國精神科醫師教授布萊恩・魏斯（Brain Weiss）在治療一位長期焦慮的女患者的請求實施催眠，而發現患者有 86 次的前世。在一系列的著作中，敘述治療中病患與作者漸體會出生命的真諦就在於領悟與學習，可查閱《前世今生》一書或其影音與讀書心得（譚智華譯，2000）。

　　兩位都共同講出每個人的人生目的是出生前自己的靈魂決定的，若感到您的人生極大痛苦或挫折滿穀，這是自己的靈魂在出生前下的決定，且是會想要突破自己的勇敢決定。可以是親子間、伴侶間、親友間、仇人間、或同事間等。這些在您靈魂出生前都知道會是關卡，只有在您在人生的冷靜思考與尋求資源後才可能過關。

　　請思考以下問題：

1. 我的靈魂給自己這一世的人生考題會是什麼？

2. 我有哪些內外的資源可以運用來通過這一世的人生考題？

3. 我可以怎樣告訴自己來通過這一世的人生考題，即使非常累或非常生氣？

10　木內鶴彥（2017），《瀕死經驗的啟示》台北：一中心。

（二）給自己力量或撫平傷痛的情緒釋放法（EFT）

三十年前一位美國臨床心理教授兼治療師卡拉漢（Callahan）在治療一恐水症女患者時意外發現。該女在治療中其練習靠近泳池時稱胃痛，而幫敲打眼下的胃經末端穴道（承泣穴）1 分鐘，竟然馬上改善且可游入水中沒再復發，後來整理出一套療法，稱為思維場療法（thought filed therapy）或情緒釋放技術（emotional freedom technique），可搜尋影音或買到中文翻譯書。2015 年起已有多篇整合實證研究確認其療效為最佳且最快，可查 "pubmed EFT meta"（pubmed 為美國衛生部期刊網），證實可有效治療憂鬱、焦慮、恐懼、創傷等。對身心疲累者也很有改善效果。

筆者也將之錄影，請搜尋影音「簡易身心輔導法」，其中第 22 到 33 分鐘。

圖 5-2　筆者錄製的影音「簡易身心輔導法」中有情緒釋放技術（EFT），右邊為簡單版，資料來源：youtube。

（三）夏威夷療法

本法是夏威夷原住民的一種身心療法，該療法主張每個人對所有看到、聽到、感覺到的世界與問題其實都在自己，因此我們要為自己內外的所有問題負上百分之百的責任，且面對世界我們們一直錯覺地認為記憶形成的世界就是一切而忽略需要不斷清理記憶以返回清明。清理的作法就是不斷念誦「對不起、請原諒、謝謝你、我愛你」四句，以清除生生世世不斷湧現的怨念糾結之記憶而返回清明。[11]

夏威夷療法最令人驚訝的就是倡導者修・藍博士本人在研習完本法而在 1983 年到 1985 年的三年間，於夏威夷州立醫院的司法精神隔離病房任職心理師，其在任職中並未正式會談病人，而只是在辦公室內對著病歷中的相片、姓名、與出生年月日念該四句。漸漸地也對該棟建築與病房念該四句，漸漸三十幾位均極為嚴重的精神病犯的藥量大減且行為拘束降低，並漸漸改善而出院，最後該隔離病房裁併。在書籍中雖沒有嚴謹的統計，但共同作者找到當時的社工師回憶當時病人改善的情況確實也令其驚訝。

筆者認為本法可能與宇宙大爆炸理論及量子糾纏現象有關聯，目前科學家都還在探索宇宙的生成與未來，能否改善

---

11 修・藍博士等（2009），《零極限：創造健康、平靜與財富的夏威夷療法》，（Zero Limits），宋馨蓉翻譯，台北：方智。

身心的效果，留待行為科學界與讀者一起體認。

（四）穴位保健法

　　穴位保健法確實是華人祖先傳給我們最簡單的保健寶藏。華人祖先在兩千五百年前的西漢初期就寫出完整的黃帝內經，當中指出關於身心改善提出「陰陽五行調和說」，也就是**身心的任何不適都是「陰陽失調與五行失衡」所致，所以需要找出其中的失調失衡關鍵而給予調和**。筆者認為這一概念不只是對身心改善有幫助，也確實不失為是一套改善世界和平的概念指引，因為政治哲學上，常有過猶不及的互斥理論，其實在過與不及之間只要能有人能及早找到衡平的方法並及早預防惡化的策略，人類的和平不難到來。

　　以下只要耐心看完以下就能做好各類身心疾病的簡易預防與保健。想知道頭痛、經痛、失眠、胃痛、焦慮怎樣保健嗎？其實最簡單的做法就是上網找到「病名＋穴位圖」，網路資料就會找出穴位。若需進一步知道原理，就可繼續閱讀以下。

1. 中醫提出全身共有五臟、六腑、十二經絡，且與五行生剋有相關。臟腑互為表裡，臟為裡，腑為表，且各臟腑各有五行相對應。耐心看完下圖依序找出五臟「肝、心、脾、肺、腎」及五行「木、火、土、金、水」。相生相剋上，可看出五行的「順時針相鄰則相生、相隔之序則相剋」。筆者提供一個中醫重要的十二經絡

順序口訣「肺、大、胃、脾、心、小腸；膀、腎、包、焦、膽、肝藏」，每句的前六個字是經絡名稱，而且兩個是一對且互為表裡，也就是有肺病或感冒則需肺經與大腸經一起按摩。能背下就幾乎開啟經絡保健的竅門。五臟六腑連結的十二經絡，在一天 24 小時走完一次，故每一經絡是 2 小時。而每天從凌晨三到五點的肺經開始到隔凌晨一到三點的肝經止。

2. 身心上的情緒則有五志，也就是「怒、喜、思、憂、恐」，根據中醫，常怒者表示有肝病變，根據「虛者補其母，實者瀉其子」的中醫病理，若是肝火，則需瀉心，若是肝虛則補腎。這樣就可以找到該經的穴位並按摩的技巧，以保健身心，可不使惡化到發生疾病或是讓疾病惡化。按摩的方法若要探討細節可搜尋「林昭庚經絡」。

五臟：肝、心、脾、肺、腎（臟在裡，屬陰，都是實心）。

六腑：膽、小、胃、大、膀、三焦 （腑在表，屬陽，都空心。前五項跟五臟互為內外）。

五行：木、火、土、金、水（下圖顯示順時針相鄰則相生，相隔之序則相剋）。

五志：怒、喜、思、憂、恐 這是表示五臟失常會分別生五種情緒。

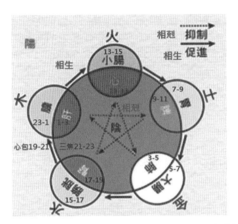

圖 5-3 五臟六腑形成的十二經絡的順序與五行生剋表（看此圖須從看念出「木火土金水、肝心脾肺腎」，反覆即可記得與應用生剋原理）。

胡乃文中醫師表示脾氣不好、容易發怒，但它不是「脾」的病，反而是肝或心的病。西醫認為脾氣不好是心理問題，要找心理師或精神科醫師，而中醫師則認為需疏肝解鬱或補心益腦，各可用上逍遙散或天王補心丹等方，需中醫師根據體質來加減。可搜尋 youtube 胡乃文中醫師脾氣。

3. 各種疾病的重要穴位

360 個穴位分散在十二經絡加上任督二脈，各因其所屬經絡而有保健與療效。在此建議保健技巧為用手指按壓或拍打即可。也可以買到屬於保健器材且約兩三百元的「數碼經絡理療儀」，可幫助按摩穴位讓保健更簡單。一般啟動後

十五分種自動關閉，很能幫助保健身心健康。以下則簡介常見疾病的保健穴位。

（1）頭痛、牙痛：太衝穴（肝經）。

（2）失眠：太衝穴（肝經）。

（3）高血壓：太衝穴（肝經）、合谷穴（大腸經）。

（4）感冒：魚際穴（肺經）、合谷穴（大腸經）。

（5）經痛：三陰交（腎、肝、脾）、太衝（肝經）。

（6）焦慮、憂鬱：神門（心經）、內關（心包經）。(註：
中醫的心包含心臟與腦部）。

（7）酒藥癮或宿醉：太衝穴（肝經）、內關穴（心包經）。

（8）腳無力、腰背痛：委中穴（膀胱經）、三陰交穴。

筆者曾於十年前於過年長假期間牙痛，一天吃八顆止痛藥連續四天，後來想到家中有買「數碼經絡理療儀」，因不知道穴位，就上網查「牙痛＋穴位圖」找到太衝，另外加合谷，沒想到兩秒鐘就不痛，於是就驚訝中醫經絡學而升起鑽研的興趣，開學一個月後想到後再找牙醫師做後續處理。也因此體會出中醫運用五行經絡學與調和體內能量的道理，期待讀者也能一起體會身心與內外和平一體的道理。

新北市一位 79 歲老先生照顧腦麻女兒 50 年，前年因不忍女兒牙痛連夜呼叫難受，用棉被將女兒悶死，被依家暴殺人罪起訴判決 2 年 6 月。這一人生悲劇筆者心想誰能快速幫忙案家。如果能普設牙醫急診及多對全民及案家提供穴位保健的衛教或全民開始能有穴位保健的知識，當可避免此案發生。

其他疾病建議可上網搜尋「病名＋穴位圖」，若想進一步學習可搜尋林昭庚經絡。

（五）簡易氣功

氣功也是華人祖先傳下來的寶藏，以下介紹「易筋經十二式」氣功。它只需六、七分鐘，算是最簡單的氣功，用一動作拉動該經絡以保健該經絡，筆者發現若練習時雙掌都能抖動，可以更快有氣感與打嗝。可以上網搜尋「簡易身心輔導法」的最末十分鐘或者搜尋「林明傑易筋經」（如下圖），即可學知。也可根據身體近況來多做幾次有狀況的經絡，如前段之敘述。在影片上也可看出各式的動作與對應的經絡。

戰亂與和平都從「我」開始

心理學家從身心保健、墨子兼愛、善意溝通談維持平和和平

林明傑老師示範說明易筋經12式

圖 5-4　筆者示範的易筋經十二式（可搜尋影音「林明傑易筋經」）

四、代結論

　　筆者在此提出「自我改善四步驟」即「確定方向、找出優點、找出作法、營養身心」讓有心理困擾者能用此方法漸次改善。文中舉出幾個能做到身心平和者的範例，也舉出幾個失敗案例，讓讀者可以思索想要選擇哪條路。

　　最後筆者舉出幾種簡易方法供大家來做好保健身心。保健是保持健康的方法，保健的責任在自己與親友的協助。若已達疾病，則該找到信任的醫師治療。

　　筆者建議不要讓自己及親友的身心困擾繼續惡化下去，最簡單的心理保健是自信提升法、轉換好想法與情緒釋放法。最簡單的身體保健是當身體稍有不適時，找到營養補充、穴

位按摩、簡易氣功。**筆者發現營養保健是西醫的預防醫學，而穴位按摩是中醫的預防醫學，都是簡單可學，千萬不要忽略保健這一可簡單自救的方法，即使找到醫師治療也不要忘記須持續做好營養與穴位保健。**甚至筆者建議有身心困擾未惡化者，都能找到心理師與營養師合作開業的機構，做好身心保健而不使惡化。

圖 5-5　預防醫學或公共衛生的三段五級可看出營養是初段一與二級的預防醫學，此段的目標是健康促進，此時保健需靠自己。

第 6 章

人際常暴衝，溝通才和平：
怎樣做到溝通和平

個人層次的溝通包括個人的內心、家人間、親戚間、同學朋友間、及與外人間。當然也包含群體間、不同社會間、不同種族間、甚至國家間的溝通。

還記得本書之初，作者就提到人類自有文字以來花九成二的時間在戰爭。相信絕大多數人期待人類開始能和平而不是繼續戰爭，但國家與社會都由人們組成，所以看到出來嗎？如果大多數人在個人層次的溝通沒做好，當然種族或國家間的溝通自然也不會好，有歷史以來至今，整體人類都會對溝通沒用心。如果不想再繼續重蹈覆轍，是否您也一起來努力呢？

　　以下會教導「善意溝通」，而若您能一小時內快速讀完本章，也在一兩天內完成章末附件的作業，就給自己買個喜歡的美食或餐點好好犒賞自己，讓自己學到獎勵自己並稱讚自己，說「我很棒、我超棒，感謝自己與每個細胞都能完成這件事」。而若因較忙而需要一兩周或一個月完成，也很讚，因為您讓自己想到這件很重要的事，且決定要完成。也請都同樣去吃個美食犒賞自己。

　　以下請先看完善意溝通的源起與步驟。

一、善意溝通四要素

（一）源起

　　美國的臨床心理學博士盧森堡（Marshall Rosenberg）從小成長在底特律的汽車工業衰敗後落寞的城市，因為是猶太人長相偏白而被非洲裔美國人霸凌，且又因是猶太裔而被歐洲後裔美國人的霸凌。但他看叔父卻一直快樂地照顧漸凍人祖母，並整理屎尿。反差之下，一直想人類怎會可以互相傷害也可以有互相幫助，而立志要找出人類間最好的溝通方式。讀完心理學博士還沒找到，最後自己終於在 1963 年發展出「非暴力溝通（Nonviolent Communication, NVC）」。[1]

1　非暴力的觀念最早來自印度耆那教，其主張苦行、不殺生、萬物平等、非暴力。

　　盧森堡發現在衝突的表面下，其實都反映出人心深處各自尚未得到滿足的種種需要。因而確認最好的溝通必須是雙方能誠實地表達自己的感受與需要，又能傾聽與理解他人的感受與需要，如此才能建立心與心之間的聯繫。雙方都不需要委曲求全且互相理解下就能認真滿足彼此的需要，也能和平地化解衝突。（蕭寶森譯，2019）[2]

　　盧森堡常被邀到世界飽受種族或宗教戰爭的地區，如盧安達、蒲隆地、奈及利亞、斯里蘭卡、中東等。2006 年獲得了地球村基金會頒發的和平之橋獎。2003 年聯合國教科义組織（UNESCO）將 NVC 列為全球正式教育和非正式教育領域最佳實踐之一。

1. Basics of Nonviolent Communication, by Marshall Rosenberg
觀看次數：22萬次・3 年前

Sophie Grosjean

A first sample of the DVDs box presenting 22 hours worshops facilitated by Marshall Rose International ...

12:29

圖 6-1　盧森堡的非暴力溝通影音示範，可搜尋到該影音（常拿胡狼與長頸鹿皮偶來對話，胡狼常情緒急躁，而長頸鹿能探頭遠望後再慢慢反應）。

　　非暴力溝通強調溝通四關鍵，即「觀察、感受、需要、

2　蕭寶森譯（2019），《非暴力溝通：愛的語言》（Nonviolent Communi-cation）M. Rosenberg 原著，台北：光啟。

請求」。盧森堡認為每次跟人的溝通務必要要能注意這四點訊息。[3]

「觀察」：觀察就是平心靜氣地自問或觀察「跟誰有什麼不舒服？」且不可以評斷。

「感受」：就是細心思考「自己與對方的感受各是什麼？」且不可以忽略任何一方。

「需要」：就是細心思考雙方會不舒服是否「自己與對方沒被顧到的需要各是什麼？」

「請求」：就是在釐清以上三個關鍵後，在詢問「可怎樣圓融雙方的不舒服？」

　　筆者發現此法很能幫助案主改善溝通，而將之納入家暴者、性侵者、成癮者的輔導課程，也將「溝通四關鍵」簡化為「善意溝通六問句」，可鼓勵用來自問（調和內心衝突）、輔導（改善有心理不適者）、與調解（有衝突的兩人）。筆者也發展出如附件 5-1 的「兼愛與善意溝通學習單」，要每位案主與上課的大學生都能夠熟記之後找人練習後熟用。從以下六問句可知道善意溝通有兩原理，即溝通中有不舒服的人必然來自該人有沒被顧到的需求而感受不好，且沒被顧到的

3　胡全威（2015），〈愛的語言：非暴力溝通的四個步驟〉，https://www.viewpointtaiwan.com。

需要須被雙方釐清後探索怎樣圓融解決。筆者發展的善意溝通六問句就是以下。

（1）跟誰有什麼不舒服？

（2）自己的感受是什麼？

（3）自己沒被顧到的需要是什麼？（續問，可複選生理、安全感、歸屬感、尊重、自由、樂趣）

（4）對方的感受是什麼？

（5）對方沒被顧到的需要是什麼？（續問，可複選生理、安全感、歸屬感、尊重、自由、樂趣）

（6）怎樣圓融雙方的不舒服？

　　非暴力溝通認為每個人都會有各自的「需要」，這是很自然的、很正常的。每個人也都想要滿足需要，所以不能只顧自己滿足需要，也要顧慮對方的需要。筆者融合美國的人本心理學家馬斯簍（Maslow）及開創現實治療的精神科醫師葛拉瑟（Glasser）都各提出有些不同的人類五需求，整合為人類六需要，即生理、安全感、歸屬感、尊重、自由、樂趣

的需要。[4]

　　在兩岸都有人引進非暴力溝通到社會福利與心理衛生組織，在大陸稱為非暴力溝通，而在台灣則由天主教會引進後，台中律師公會陳怡成律師與中國醫藥大學鄭若瑟醫師夫妻將之改名為「善意溝通」，成立善意溝通推廣協會來推廣，目前已編教材[5]與多個教學片在網路「善意溝通」這可用在衝突溝通、衝突調解、霸凌處理。筆者也製作影音教學示範善意溝通六問句，提供自我調適、輔導他人、與調解衝突。

　　盧森堡因為個人經歷而發展出有步驟的和平調解策略且有促進實際和平，確實值得每人學習。

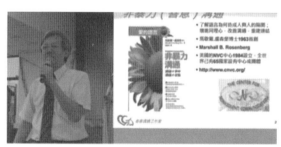

家庭中善意溝通 3/5【觀察、感受】

圖 6-2　鄭若瑟醫師夫妻將之改名為「善意溝通」。

4　馬斯婁（Maslow）提出需求層次說，認為人類有五層次的需求，由下而上分別是生理、安全感、愛與被愛、尊重、自我實現。而現實治療開創者葛拉瑟（Glasser）提出人類五個不分層次的需求即生存、歸屬感、權力、自由、樂趣。

5　教材名為「校園法治教育的新思維：修復式正義」https://www.tcbar.org.tw/resources/uploads/download/0321-1.pdf。

圖 6-3　作者講解「善意溝通六問句」。

二、親友溝通三要素、夫妻另增性溝通

在輔導二十年的婚暴者後發現原來他們都是長期在溝通出問題，而他們也不知道可怎樣做好溝通，但都想要溝通變好，於是筆者整理出夫妻最需要的溝通，其中前三個適用家人與親友，就叫做「親友溝通三要素」。而第四段是「伴侶間的性溝通」，請上網到影音網站查「中正大學婚姻溝通」，影片中有華人在此之困境與改善對策。

所有的溝通都須先自問是否希望家內或親族間減少衝突，如果答案是肯定的，才有可能再進一步想要怎樣學學溝通與做好溝通。

1.「情緒溝通說理解」是指若某一方在外有碰到不如意的事而抱怨時，另一方要能後回應說「我可以理解你的不舒服」，並可說若是我，我也會不舒服的。

2.「衝突溝通只對事」是指若雙方對某事不舒服，則某方可說「這件事我感到不舒服，但我是對事不對人」，讓對方知道不被針對 。

3.「休閒活動多尊重」是指若雙方有不同的休閒嗜好則要尊重。

夫妻或伴侶則更在互動上增加了性互動。在這裡就增加「性愛三加一原則」。它是指伴侶間的性溝通對雙方的溝通互動是極重要的，絕對不要輕忽。筆者從諮商實務經驗與專家著作中整理出三加一原則，就是「提早邀請」、「尊重意願」、「互問希望怎麼做」[6]。以上顯示出即使是非常個人化的性滿足行為也應該要顧到雙方的人類六需要，不可以只顧到自己的生理需要與樂趣需要，而傷害伴侶的安全感、歸屬感、尊重等。而加一項是什麼，就請有心想瞭解者，搜尋影音網站「中正大學婚姻溝通」，就可以知道發展該原則的原委與如何改善。筆者也請有溝通困境的案主改用此法，都能

---

6 互問希望怎麼做，是筆者幫助一位性溝通極差的家暴者增加性溝通的技巧，效果很好也改善夫妻關係。來自美國著名性心理學家 Leman, K.（2011），《床上：心理學家才懂的性愛誘惑心理學》，台北：野人。

獲得改善。[7]

　　附件有一份「善意溝通與兼愛輔導法協力作業」講義，請找到親友嘗試填寫，讓雙方進步。

圖 6-4　婚姻溝通好方法（含親友溝通三要素與夫妻溝通四要素）。

三、代結論

　　筆者終於找到最簡易也最有效的溝通方法，這就是「善意溝通六問句」。學好這六問句就可做好自我調適、輔導他人、與調解衝突。一舉數得，台中有推廣協會（善意溝通修復協會）再加上筆者的齊力推展期待學校教育、婚姻教育、社會教育都能跟上。此外，筆者也錄製並放影音平台「中正大學婚姻溝通四要素」。讓國人、華人、或世人都能學到此而開始改善溝通以圓融的方式排解潛在衝突的惡化。

7　細部說明也可看，林明傑（2020），《家庭暴力的全貌與防治：含學習和平與人類未來》，台北：元照出版。

附件　善意溝通與兼愛輔導法協力作業

自己姓名 _____

（請找同學或親友練習之，找到願意學此且有跟他人在人際上
不舒服經驗之親友同學來練習，不需要留姓名。）

找到的練習對象是誰，請打勾：[　]同學　[　]親　[　]友

（性別　[　]女 [　]男）

戰亂與和平都從「我」開始

心理學家從身心保健、墨子兼愛、善意溝通談維持平和和平

詢問他人　前測　（此處　問親友）	詢問自己　前測　（此處　問自己）
1. 「家務分工，不同性別也要平均」〔　〕成 贊成	1. 「家務分工，不同性別也要平均」〔　〕成 贊成
2. 「太太初二回娘家，改男女輪流」〔　〕成 贊成	2. 「太太初二回娘家，改男女輪流」〔　〕成 贊成
3. 大愛是愛人不分親疏 你幾成贊成〔　〕成	3. 大愛是愛人不分親疏 你幾成贊成〔　〕成
4. 對溝通方法的自信〔　〕成	4. 對溝通方法的自信〔　〕成
5. 對人類維持和平的信心〔　〕成	5. 對人類維持和平的信心〔　〕成
6. 對自己維持和平行為的信心〔　〕成	6. 對自己維持和平行為的信心〔　〕成

A. 評估現在的你對支持人與人之間的只顧自己到互相兼顧從 0 到 10 約在多少　〔　〕

（一）兼愛測試　問對方

1. 如果你與一個人都餓昏，但只有你有 40 元台幣，你會怎麼做？＿＿＿＿＿
2. 如果你與一個人都餓昏，但只有對方有 40 元台幣，你希望他會怎麼做？＿＿＿＿＿
3. 如果你與那個人身邊都有一位三歲兒童，也都餓昏，只你有 40 元台幣，又會怎麼做？＿＿＿＿＿
4. 小時候有無類似經驗或希望被幫忙經驗？＿＿＿＿＿＿
5. 人類合作好還是不合作好？怎麼說？＿＿＿＿＿＿＿＿＿＿
6. 人類合作從誰做起？怎樣做起？＿＿＿＿＿＿＿＿

B. 評估現在的你對支持人與人之間的只顧自己到互相兼顧從 0 到 10 約在多少？請加框以下一個數字。

（二）只顧自己 0 1 2 3 4 5 6 7 8 9 10 互相兼顧　。

（講解：這是從墨子強調兼愛（就是平等無差等的愛）而來，其主張孔子主張之仁愛是根據親疏關係來愛，會給後世帶來自私與戰亂，認為自私就是亂源，墨子說「亂自何起，起不相愛」並說只有「兼相愛」才能停分你我與戰亂。）

（講解：孔子在禮運大同篇講到他的理想是能「人不獨親其親，不獨子其子」的大同世界，但當時在封建帝制下只能倡導「人獨親其親，獨子其子」的恢復周禮倡導仁愛的小康世界。可看出大同世界的大愛就是兼愛，是孔子的理想

二、善意溝通四關鍵是：觀察、感受、需要、請求。本欄為是 自問 以做自我調適。

（告知會保密，請其說出可分享之不舒服事。以下請填下其回答）

・跟誰有什麼不舒服？（關於跟某人的不舒服）＿＿＿＿＿＿＿＿
・自己的感受是什麼？＿＿＿＿＿＿＿＿
・自己沒被顧到的需要是什麼？（需求包含以下哪幾個：生理 安全感 歸屬感 自由 尊重 樂趣）＿＿＿＿＿
・對方的感受是什麼？＿＿＿＿＿＿＿＿
・對方沒被顧到的需求是什麼？（需求包含以下哪幾個：生理 安全感 歸屬感 自由 尊重 樂趣）＿＿＿＿＿
・怎樣圓融雙方的不舒服？＿＿＿＿＿＿＿＿

三、善意溝通四關鍵是：觀察、感受、需要、請求，本欄是輔導他人，練習輔導他人（可以同兼愛測試之人）。

（告知會保密，請其說出可分享之不舒服事。以下請填下其回答）

・跟誰有什麼不舒服？（關於跟某人的不舒服）＿＿＿＿＿＿＿＿
・自己的感受是什麼？＿＿＿＿＿＿＿＿
・自己沒被顧到的需要是什麼？（需求包含以下哪幾個：生理 安全感 歸屬感 自由 尊重 樂趣）＿＿＿＿＿
・對方的感受是什麼？＿＿＿＿＿＿＿＿
・對方沒被顧到的需求是什麼？（需求包含以下哪幾個：生理 安全感 歸屬感 自由 尊重 樂趣）＿＿＿＿＿
・怎樣圓融雙方的不舒服？＿＿＿＿＿＿＿＿

四、善意溝通四關鍵是:觀察、感受、需要、請求。 本欄是調解衝突雙方 A 與 B。找有衝突的兩人,如室友或親友。

(告知會保密,請其說出可分享之不舒服事。以下請填下其回答)

・(問 A)跟誰有什麼不舒服 ? (關於跟某人的不舒服)_____

・(問 A)自己的感受是什麼?_____

・(問 A)自己沒被顧到的需要是什麼?(需求包含以下哪幾個: 生理 安全感 歸屬感 自由 尊重 樂趣)_____

・(問 B)跟誰有什麼不舒服 ? (關於跟某人的不舒服)_____

・(問 B)自己的感受是什麼?_____

・(問 B)自己沒被顧到的需要是什麼?(需求包含以下哪幾個: 生理 安全感 歸屬感 自由 尊重 樂趣)_____

・(問 A)對方的感受是什麼?_____

・(問 A)對方沒被顧到的需求是什麼?(需求包含以下哪幾個: 生理 安全感 歸屬感 自由 尊重 樂趣)_____

・(問 B)對方的感受是什麼?_____

・(問 B)對方沒被顧到的需求是什麼?(需求包含以下哪幾個: 生理 安全感 歸屬感 自由 尊重 樂趣)_____

・(問 A)怎樣圓融雙方的不舒服?_____

・(問 B)怎樣圓融雙方的不舒服?_____

五、後測 改善他人 後測	改善自己 後測
1. 「家務分工,不同性別也要平均」[ ] 成 贊成	1. 「家務分工,不同性別也要平均」[ ] 成 贊成
2. 「女兒初二回娘家,改男女輪流」[ ] 成 贊成	2. 「女兒初二回娘家,改男女輪流」[ ] 成 贊成
3. 大愛是愛人不分親疏 你幾成贊成 [ ] 成	3. 大愛是愛人不分親疏 你幾成贊成 [ ] 成
4. 對溝通方法的自信 [ ] 成	4. 對溝通方法的自信 [ ] 成
5. 對人類維持和平的信心 [ ] 成	5. 對人類維持和平的信心 [ ] 成
6. 對自己維持和平行為的信心 [ ] 成	6. 對自己維持和平行為的信心 [ ] 成

問心得自己完成此頁的心得:(寫 4 行)

第 7 章

和平上百年，該國怎做到：
怎樣做到政治和平

一、維持和平最久的三國

　　筆者在 2017 年暑期帶妻兒遊歐八國並拜訪旅居瑞典的親人，聽到瑞典籍姻親說瑞典如何做到兩百年無戰爭，心中震撼而生探索之心。也因此仔細探索人類怎樣可促成長久和平，供作參考對照。

　　人類歷史上維持和平最久的三個國家分別是安道爾、瑞士、瑞典，各是維持七百年、二百年與二百年。他們各是怎樣做到？

（一）七百年沒戰爭的安道爾之雙侯國模式

安道爾（Andorra）位在法國與西班牙兩強中間山區，國土 468 平方公里，共 8 萬餘人，2018 年人均 GDP 5.3 萬美元而法國是 4.2 萬美元，旅遊業佔 GDP 的 80%[1]，是購物與休閒運動的天堂，每月都有節慶活動。安道爾是 9 世紀法國查理曼帝國為了防範西班牙回教徒摩爾人的騷擾在與西班牙邊境所建立的一個緩衝國。之後法國與西班牙兩國曾經為了爭奪安道爾的管理權，發生很多的衝突。1278 年簽訂和平協約，將安道爾定位在雙侯國（co-principality）此後十一年間持續進行後續協商，最後完成安道爾獨立憲章，安道爾提出西班牙主教與法國伯爵共同統治的模式，至今七百年未再有戰爭。

安道爾人運用和平智慧在單數年進貢給法國，雙數年進貢給西班牙。至今行政權由法國總統派任行政官，主教則由西班牙任命，國會仍由人民選舉。兩國須共同負擔國防，無軍隊，只有 200 位員警，以及幾位護送國旗與升旗的軍人。雖然偶有人高喊獨立建國，也會被國會討論後熄滅。也立法禁止組織勞工團體與左派政黨。1993 年，安道爾舉行公投，通過安道爾憲法，並成為聯合國的一員。

1　〈安道爾〉在《維基百科》https:// https://zh.wikipedia.org/wiki/ 安道爾 查閱時間：2019/12/15。

韓國教授金進成[2]考察該國後給以下結論：

「安道爾人運用智慧，在政治上妥善利用勢力均衡的條件。法國與西班牙兩強的策略是：即使無法將安道爾納為己有，也不願意使之落入對方的口袋。雖然這是在法國與西班牙的對立結構下才會形成的結果，但能徹底運用這項條件創造出獨立與繁榮，真不愧是安道爾人。」

圖 7-1　安道爾地理位置與國旗

（二）二百年沒戰爭的瑞士之中立國模式

瑞士全國面積為 4.1 萬平方公里，人口 800 多萬，人均 GDP 為 8 萬美元。1291 年三個城邦簽署《聯邦憲章》，瑞士聯邦宣告成立。1353 年，瑞士聯邦擴張到 8 個州而引起奧地利哈布斯堡王朝的警覺，最後爆發戰爭，而勇猛的瑞士軍勝利。

2　金成進，2011，《建立歐洲強小國的人們》，林侑毅譯，台北：天下雜誌。

　　瑞士保持中立是在 1515 年馬里尼亞諾戰役，當時法國和米蘭聯軍以砲兵打敗瑞士，使瑞士人傷亡慘重從而瑞士宣佈永久中立。1618 年到 1648 年，歐洲爆發「三十年戰爭」而席捲整個歐洲，唯獨瑞士免受戰火摧殘。瑞士保持中立，因各國都要依賴瑞士僱傭兵，因此都不願得罪瑞士。在戰爭結束後簽訂的《西伐利亞和約》中，確認瑞士脫離羅馬帝國且第一次正式獲得中立國的地位。但該和約 200 年後 1792 年法國爆發大革命，乘勢而起的拿破崙帝國入侵瑞士，且扶植傀儡政權。1815 年拿破崙帝國倒臺後，法國人才撤出瑞士。至今仍為中立國 [3]。

　　值得強調的是瑞士至今都是全民皆兵，這在歐洲的其他國家是沒有的，每個男子到二十歲就必須為國服役，到五十歲開始退役，服役是男子的義務。平時常備軍只有四萬多人，可是在四十八小時之內，就能集結幾十萬大軍。男子二十歲就要參軍且發的武器都可以帶回家 [4]。經分析德國納粹沒進攻瑞士以下幾個原因，即厲行中立、迅速徵兵制度、國民驍勇善戰、銀行厲行保密制度可供納粹洗錢、威嚇若入侵瑞士則將炸掉義德間的隧道使無法互援等 [5]。瑞士雖一直保持中立，

3　王思為，〈瑞士成為永久中立國之國際背景〉，《台灣國際法季刊》。第 10 卷第 1 期，2013 年 6 月，頁 53-67。

4　〈瑞士為什麼能保持永久中立〉，《每日頭條》，2015 年 10 月 23 日。

5　〈二戰中德國為什麼沒有佔領瑞士原因竟是這樣！〉，《中國時報》，2015 年 06 月 05 日。

但於 2002 年經公投加入聯合國，但仍聲稱保持中立。

　　瑞士有世界最獨特的委員制，共 26 個邦，各有邦長，有聯邦議會與國民議會兩個國會，各有 46 與 200 位議員，前者根據各邦兩人而半邦一人，而後者根據人口比率選舉。行政權由七位聯邦委員組成聯邦委員會，委員由聯邦議會根據政黨比例選派，分別掌理內政、外交、國防暨體育、經濟、財政、司法暨警政、環境交通能源暨通訊等七部，相當於內閣。聯邦議會每年所舉行的聯席會議，會從聯邦委員會中選出聯邦總統與副總統。任期均一年，且不能連任，僅具虛位性質，對外代表瑞士，對內擔任聯邦委員會之主席。[6] 首都沒有總統府，只有禮賓府，每位聯邦委員都有辦公室，輪值總理那年則會分到一個最小的辦公室。讓總統形式化與輪流化確實是用足了智慧使權力者節制。

　　瑞士徹底實施直接民權，每年至少四次的全民公投，可以修改法律與憲法，提案後累積到幾份聯署書就可公投，國父孫中山將之納入憲法稱為創制權。至於公投會否激化對立？某瑞士國會議員稱投票機會頻繁且議題多樣，不僅不會造成對立，長遠來看反而更能促成社會穩定。當議題夠多元時，每個人都是潛在的盟友，一個人在 A 議題跟你意見不同，在 B 議題卻是同一陣線，「當議題夠多元時，要分化瑞士是很

6　維基百科之瑞士政治。

困難的事。」[7]

（三）二百年沒戰爭的瑞典之引王避戰模式

1810 年瑞典王儲因中風死亡，瑞典國民議會要挑選新王儲。一位瑞典大臣卡爾·奧托·莫爾奈出於個人動機而獨自決策，因考慮到未來可能與俄國發生軍事衝突，故傾向於由一位軍官出任未來的國王，而拿破崙大將伯納多特（Bernadotte）在丹麥的作戰中對瑞典戰俘相當友善，使伯納多特贏得了瑞典人的好感。莫爾奈將此提議告訴伯納多特，其經問拿破崙後認為也算擴大領土而答應。瑞典政府驚訝莫爾奈的無恥舉動，返國時被以叛國罪逮捕，旅居瑞典的法國富商富尼爾（Jean-Antoine Fournier）出錢出力遊說議會，說服議員們此可以改善與拿破崙的關係而最後被選舉為新儲君，改名 " 卡爾約翰 " 並放棄法國親王的頭銜，之後成為全瑞典最受歡迎並且最有權勢的人。繼任新王後為卡爾十四。

他因善戰被拿破崙邀合作打俄被拒，並於 1812 年同俄國結盟，他寫信給拿破崙：「政治上不存在的友誼和仇恨。除命運之神的命令外，對祖國沒有任何義務」象徵兩人決裂。1813 年再同英國和普魯士成立反法同盟。在同年的萊比錫戰

7　李修慧（2018）「公投狂熱國」瑞士平均每月都公投，但他們的重點不在「支持或反對」。關鍵評論，https://www.thenewslens.com/article/109375

爭中，率領瑞典遠征軍進入德國北部還打敗拿破崙軍隊。[8]

　　卡爾十四意識到瑞典連年征戰，又失去芬蘭，國力已經十分疲乏，故奉行中立政策，不再干預歐洲事務。瑞典從此享有和平，時至今日，瑞典依然在伯納多特王朝的統治下 [910]。瑞典在希特勒時期也因同意德軍穿越瑞典去攻擊挪威之友德政策而避免戰爭 [11]。

卡爾十四：伯納多特（Bernadotte）

圖 7-2　瑞典國旗與打敗拿破崙創建中立國的國王卡爾十四。

8　〈拿破崙戰爭中的北歐各國〉，《每日頭條》，2020 年 06 月 01 日。

9　〈敢娶拿破崙未婚妻，是法國元帥叛國後成瑞典國王，更打敗拿破崙〉，《每日頭條》，2018 年 04 月 23 日。

10　〈卡爾十四世‧約翰〉《維基百科》https://zh.wikipedia.org/wiki/卡尔十四世‧約翰 查閱時間：2019/6/15。

11　〈二戰時被納粹德國包圍，瑞典如何避免了亡國〉，《每日頭條》2016 年 08 月 17 日。

二、連年戰亂的國家是怎樣發生

（一）持續戰亂且惡化的敘利亞

1970 年任國防部長的哈菲茲・阿薩德通過軍事政變上臺，此後直到 2000 年去世一直禁止任何反對黨或非執政黨候選人參與任何選舉活動。哈菲茲死後，由兒子阿薩德通過修改憲法繼任為總統。1976 年伊斯蘭勢力叛亂持續了六年，1982 年發生哈馬大屠殺，阿薩德將叛亂歸因於是哈馬的穆斯林兄弟會發動的，對哈馬的遜尼派穆斯林實施了焦土政策，派出軍事力量進行了鎮壓，導致一萬多人到 3.8 萬人被殺。

現任總統屬於阿拉維派教徒（伊斯蘭教什葉派的支派）。阿拉維派僅佔敘利亞總人口約 6% 至 12%。不過阿拉維派人士控制著該國的安全部隊，敘利亞政府也一直完全依靠著阿拉維派控制的軍隊來打擊反政府的人：巴沙爾的弟弟馬赫爾・阿薩德領導著該國精銳部隊——共和國衛隊和第四裝甲部隊，巴沙爾的姐夫亞瑟夫・沙烏卡特（巴沙爾的姐姐布舒拉・阿薩德的丈夫）是軍隊的副總參謀長。這使得遜尼派民眾對此產生了深深的怨恨。作為該國少數種族的庫德人也對此產生了許多抱怨和抗議事件。[12]

自 2011 年不滿阿塞德政府的群眾示威抗議，隨著政府武

12　敘利亞內戰 維基百科 https://zh.wikipedia.org/zh-hk/ 敘利亞內戰

力鎮壓,各方反對力量群起,逐漸演變為大規模內戰,政府軍及反抗軍對峙未見減緩,然不同反抗軍團體間的衝突日愈嚴重,全國武裝衝突持續升高,國內安全情勢惡化,迄今死傷人數已逾 14 萬人,難民人數達 900 萬之多,超過 200 萬以上的兒童缺乏食物,成為當前最緊迫的人道危機。2013 年與 2018 年政府軍動用化學武器,死傷逾千,引起國際震驚。分析後以上情況被歸類為一失敗國家[13]。

2015 年震撼人心的敘利亞男童陳屍海邊相片曝光後(見圖 1),讓人痛心。兒童全家在去年逃難時發生船難,只有父親還活著,母親與其兄也一同在海中喪命。周年時受訪表示發生後的一個月內,全世界似乎都急於幫助難民,但隨著時間過去,難民的處境漸漸被遺忘。其表示每天都會想起逝去的家人,而在他們去世滿一年的這天,過世的妻子彷彿帶著兩個小孩回到家裡,安安靜靜地睡在自己身旁,十分感傷。期待各個國家的領導人可以做得更好,讓敘利亞的戰火能有終止的一天。[14]

13　失敗國家的指一國國內衝突使政府權威、職能及正當性喪失,也衍生的外部安全危機。詳見林佾靜(2014),〈敘利亞內戰問題之啟示:一個失敗國家的形成與外溢危機〉,《長庚人文社會學報》,7:2,359-418。

14　自由時報(2016/09/02),〈敘利亞男童伏屍海灘滿週年,父親嘆戰況變更糟〉https://news.ltn.com.tw/news/world/breakingnews/1813734。

圖 7-3　敘利亞男童陳屍海邊（取自美聯社）。

（二）改善考驗中的索馬利亞

2012 年 8 月索馬利亞結束了近 21 年的總統被驅趕後之無政府狀態，成立「索馬利亞聯邦共和國」。但是新政府的成立，仍然政權林立、軍閥勢力割據的情形。除了北邊的民主國家索馬蘭、東北部的海賊國家普特蘭外，仍多地區不受聯邦控制，境內更有「索馬里青年黨」等伊斯蘭武裝團體的出沒。[15]

索馬利亞雖然同屬索里裡人，但存在許多氏族，氏族之下更有許多的分家，該國許多衝突便是源自於氏族之間與氏族內部的衝突。也因為氏族政治影響力太大（其實非洲許多國家也一樣），所以才會出現「伊斯蘭法庭聯盟」、「索馬里青年黨」等反氏族政治勢力的出現。

15　林伯駿（2014 年 8 月 12 日），〈氏族、軍閥與海賊：非洲之角的三國演義〉，洞見國際事務評論網。

　　氏族雖然是對立的主要來源，但也是和平主要來源。索馬里各氏族之間有共同與相異的習慣法 Xeer，並以此來維持族內與各族之間的秩序。當發生衝突或有違反 Xeer 情事發生時，長老們便會齊聚開會尋求解決之道：若有前例則按前例，沒有則新創判例，通常是由該氏族全員共同負擔的「血錢」（diya）支付來處理。一旦長老們達成協議，族人便必須遵守，藉此來約束族人之行為。氏族政治發展的極致，便是在索馬利蘭和普特蘭兩國內發展出「氏族比例代表制」的國會體制，其中前者所展現出來的民主體制運作，完全不輸給許多西方民主國家。

　　普特蘭雖然引入了索馬利蘭的「氏族比例代表制」，國會議員是由氏族與分家自行決定，而總統又是由國會選出，因此氏族分家在當地的政治影響力相當大，故當地海盜在興起之後便和氏族與政府緊密的結合。海盜的興起，除因政治局勢混亂、基礎建設不佳、缺乏外來投資使得年輕人而缺乏工作機會外，也包括亞丁灣對面的葉門人越界補漁，使漁穫大減。普特蘭的「海盜業」算是一行共同賺錢的行業。

　　但海盜現象直到 2010 年日本著名的連鎖壽司店老闆木村清，因其聽說索馬利亞海盜的困境，因日本是鮪魚的消費大國，而索馬利亞外海是高價鮪魚的優良漁場，只因海盜猖獗而被敬而遠之，木村清開始雇用索馬利亞海盜來捕鮪魚，而

使海盜轉行消弭。從而開始有和平行為。[16]

（三）曾互相殘殺的盧安達兩族

1994 年中非盧安達爆發了胡圖族（Hutu）對圖西族（Tutsis）發動種族大屠殺，100 天殺死近百萬條性命，這算是近代人類史上最殘酷的屠殺。

這兩族有大仇嗎？其實盧安達根本沒分兩族，而是 1890 年起先後被德國與比利時殖民，德國為方便統治將膚色較淺而接近自己膚色者稱為圖西族，約佔 20%，而較黑者稱胡圖族，並把權力交給圖西族統治胡圖族，並採取高壓統治，一戰後德國戰敗交給比利時繼續沿用該制度。

全球民族自決運動時 1962 年比利時人離開盧安達，臨走前把政權交給人口佔 8 成的胡圖族，胡圖族累積七十多年的怒氣爆發而對圖西人實行報復，最後因總統座機被炸，而全國陷入胡圖族殘殺圖西族近百萬人。

事過境遷後，目前兩族努力記取教訓而不再區分歧視。有興趣於該歷史者可看「盧安達飯店電影簡介」於影音網站。

原國旗為紅黃綠三色三條縱旗，正中有字母 R。紅色象徵烈士的鮮血，黃色象徵革命的勝利，綠色象徵希望，R 是國

16　中國時報（2018），〈連美國都沒轍！索馬利亞海盜竟是被日本大叔消滅〉。

名的第一個字母。因該國旗上的紅色會讓盧安達民眾聯想到
1994 年盧安達大屠殺時血流遍地的場景，故 2001 年盧安達更
換國旗。其設計者是一位工程師兼藝術家，旗幟上包含藍、
黃、綠三色，以及右上方有一太陽標誌，24 道光芒指引著全
國人民，也表示團結一致、純真透明，與對抗無知的奮鬥。[17]

圖 7-4　電影盧安達飯店　　　圖 7-5　盧安達的新國旗與舊國旗

三、政體造成自私？還是自私造就政體？

人類自從發展政治制度以管理人群，從先後約有部落酋
長制、城邦首領制、帝制、民主、社會主義、共產主義、社
會民主制等。

古代大師們也早看出政體會影響人心。

17　維基百科，盧安達國旗。

（一）柏拉圖的看法

早在 2500 年前的希臘柏拉圖的著作《理想國》就提出五種政體將會週期循環不已的理論，各別是精英政體、勛閥政體、寡頭政體、平民政體、僭主政體。這五種政體循環更替，並周而復始。在精英政體，有高貴靈魂的統治階級不擁有私人財產，但原本能擁有資產被統治階級的子孫，經由教育、學習、建立功積進入統治階層，導致政府素質下降，統治圈擁有私有財產，從而退化為勛閥政體；勛閥政體對戰績、榮譽、和金錢的迷戀，導致少數人聚斂大量財富，從而退化成寡頭政體；寡頭政體以財產決定地位，導致窮人對富人的憎恨，從而平民政體取代寡頭政體；由於平民政體過度崇尚自由，導致秩序喪失，道德淪喪，使得有了極權政治產生的土壤，從而僭主政體取代了平民政體；僭主政體完全憑僭主的意志行事，極權的專制走到盡頭又使貴族勛閥政體有了產生的可能。

（二）孔子的看法

孔子在禮記禮運大同篇與小康篇也提到不同背景與制度下會有不同自私的民心，大同篇就提到「大道之行也，天下為公。選賢與能，講信修睦，故人不獨親其親，不獨子其子……。貨惡其棄於地也，不必藏於己；力惡其不出於身也，不必為己。」講到在大道提升而遍行天下時可以選舉賢能而重信用修和睦，大家會互愛而不只為自己。

但在禮運小康篇也提到「今大道既隱，天下為家，各親其親，各子其子，貨力為己，大人世及以為禮，城郭溝池以為固，禮義以為紀；以正君臣，……以功為己。故謀用是作，而兵由此起。」

孔子誠實地講出在「帝制之下」因為天下為家，會漸漸因為自私導致天下無禮混亂，孔子稱在帝制下只能倡導恢復周禮，但孔子稱此只能維持表面的安定但人心會越來越自私，終將戰亂四起。

（三）墨子的看法

墨子不從政體與自私孰為因果的討論下手，一開始就直稱世界的亂源是「不相愛」，稱「亂自何起，起不相愛」、「何以易之？唯兼相愛、交相利以易之」。

墨子說若人類沒提升「不相愛」到「相愛」，不論哪種政治制度下，人類都一樣自私，必定私慾橫流。因此他不認為政治會改善人性，他認為只要人性改變到相愛，哪種政治制度都不會是亂源。

四、哪種政治制度好？

1.價值觀與意識形態是什麼？東西方有什麼差別？

價值觀（Values）是一種處理事情判斷對錯、做選擇時

取捨的標準。對有益或有害的事物評判的標準就是一個人的價值觀。[18] 而意識形態是什麼？美國政治學者華爾澤）H. Waltzer）的看法，意識形態是一個信仰體系，它為既存或構想中的社會，解釋並辯護為人所喜好的政治秩序，並提供為實現其秩序提供策略。人們因為有了這些思想與信仰，就會影響他的政治行動，進而產生改變環境的力量，意識型態的本質上包含了思想、信仰與力量三種要素。

可以看出價值觀為個人對自己判斷取捨的標準，意識形態則是個人對理想社會與政治秩序的取捨標準。兩者都涉及判斷與選擇。

東西方在價值觀有什麼差別呢？最常被舉出的就是東方偏重集體主義，而西方偏重個人主義。但真的是如此嗎？芝加哥大學的托馬斯‧塔爾海姆（Thomas Talhelm）與中國大陸學者在中國的 28 個省進行了研究，發現生活在小麥種植區的實驗參與者們的個人主義程度更高，而生活在稻米種植區的人們則展示出了更高的集體主義特質和整體思維傾向。這種差異在不同地區的交界地也體現得出。在兩種作物種植區交匯的幾個縣中仍舊發現該差異。而印度也是一個小麥種植區和稻米種植區分明的國家，也證實有該差異。

18　教育百科，臺灣：中華民國教育部。（2020-07-13）。

他推測稻米種植需要更多合作：這是一項勞動密集型作業，同時需要遍佈許多農田的複雜的灌溉系統。而小麥種植需要的勞動量是種植稻米的一半，它依靠的是降雨，而非灌溉，所以農民們不需要與鄰居們合作，只需要專心於自己的作物生產。但無法改變嗎？19 世紀中葉，日本政府因擔心俄國入侵，決意收回北部島嶼而僱用了不少從前的武士，前去開拓北海道。也請來美國農學家教導開墾農田。近年發現在北海道人思考、感受和推理的方式中更自我，對成功更感自豪，更雄心勃勃地渴望個人成長，也更疏離於周遭他人，也就是較偏向個人主義而非日本本土的集體主義。[19]

集體或個人主義哪種好？筆者認為都好，重點是只要能無礙於個人身心發展與社會穩定都好。

2. 哪種政治意識形態好些？

美國政治學者海伍德（Andrew Heyhood）在《政治的意識形態》一書中彙整現今之政治意識形態有自由主義、保守主義、社會主義、民族主義、無政府主義、女性主義、生態主義、宗教基本教義主義、多元文化主義等。筆者認為衡諸所有政治哲學中以文化多元主義（multiculturalism）思潮最能適用於多元種族與價值的世界。因為國際實況上，各地在種

19　大衛・羅伯森，〈東西方心理思維之大不同〉，2017 年 BBC 英倫網
https://www.bbc.com/ukchina/trad/vert-fut-38919115。

族、宗教、文化、價值等等上有明顯的差異，但差異本身並不會帶來衝突，而是人類以寬狹不同的心態面對此差異才會各造就人類的善惡不同之結局。

多元文化主義是指國家推行不同文化之間的相互尊重和寬容之政策。其認為各地必然有不同的文化、宗教、生活方式，尊重個人可以自由發展其文化認同，讓社會可以學習尊重並欣賞因差異而有的活力，文化差異反而是社會分極化與偏見的解藥。

1965 年加拿大首先公告將以此原則來解決國內文化歧異，並在 1971 年正式使用此名詞來解決英語區、法語區之差異，之後在漸漸擴到原住民，為世界其他國家提供了典範。澳洲在 1970 年正式宣佈以此為國家政策，以改正過往對待原住民歧視與狹隘的政策。此主義漸漸擴大到美國對男女與非裔的平權政策（陳思賢譯，2016）。[20]

多元文化主義尚可區分多元主義式、自由主義式、普世主義式。各如下。

（1）多元主義式是主張多元文化須能多些尊重與包含，而少去價值判斷，英國哲學家柏林（Isaiah

20　建議閱讀胡川安（2016），〈以魁北克獨立運動來檢視加拿大多元文化政策是否得宜〉。

Berlin）主張此看法；此看法認為即使少年割禮
也應該視為文化多元而尊重。

（2）自由主義式是主張所尊重的多元文化下仍應主張
個人的文化選擇權優先於族群的強迫認同，主張
正義論的羅爾斯 Rawls 主張此看法，如強迫的少
年割禮與幼年婚嫁不在贊成之列。

（3）普世主義式是主張人們建立起具有超越民族、
種族藩籬的普遍道德觀及全球意識，敞開心胸
像各正面文化學習，使個人有更好的自我成長
機會，代表者是紐西蘭政治學者沃德倫（Jeremy
Waldron）。

筆者認為此三看法看來似乎是多元文化尊重三個階段，
近期內不同文化的相互尊重確實務實也必要。其次，個人文
化的選擇確實重要，但政治制度與社會制度卻可能有限縮人
類的自由選擇，因此對人性的尊重應可在中期的發展中經溝
通而漸漸達成，並漸漸達到互相欣賞且能符合自由主義與普
世主義多元主義的大同世界，該是人類可期待的方向。

3. 歷史學家證實人性本善，但須時時小心擺脫自私與政客

荷蘭歷史學家羅格・布雷格曼（Rutger Bregman）著《人

慈》一書，想要重新從歷史與心理學來重新檢視人性究竟是本性或本惡。[21] 他先從英國霍布斯提出因人類性惡故需有政府高度地管理，到法國盧梭提出人類性善所以只需少許的管制，人類就可發展出合作的制度與環境適合人類生存。他認為兩者都可能成立，需要再看實際案例才能確認。

1966 年七位東加少年搭帆船出海，六天後意外漂流到小島，而一年後被發現他們互助與分工使生存的身心狀況佳且成為終身好友。這跟《蒼蠅王》小說的自私奪權的結局完全不同，作者仔細找出《蒼蠅王》作者有來自不開心的幼年，可能因此對於人性有較悲觀的想像。2007 年美國實境節目招募四十位兒童到南部荒蕪小鎮最後也都能夠互助合作而相處融洽。

非洲喀拉哈里沙漠的昆族人對採集分配不合群的人則會忽視他，而想暴力奪權者則會包圍並用毒箭射死。所以合群者的基因會續存而自私者的基因會淘汰。

但為何近來人類越來越自私？這可能是農業化後造成定居與形成地產，而權力慾者招募軍隊擴大領土並打敗敵人使作農奴，也因此發展出封建傳襲制度。女性也成為繁殖工具

21　羅格·布雷格曼（Rutger Bregman）（2021），《人慈：橫跨二十萬年的人性旅程，用更好的視角看待自己》，Humankind: A Hopeful History 唐澄暐翻譯，臺北：時報出版。

而開始性別不平等。之後發明文字以記錄生活、工具、祭祀。為規範奴隸而有漢摩拉比法典，發明貨幣取代以物易物。**人類採集社會是「友善者生存」，但農業社會起則是「無恥者生存」。**

近兩百年來民主革命使百姓能擁有平等的權利而行惡者只要不違法，都能夠不受斥責而更敢於以合法或隱匿之不擇手段爭取所要之權利與權力。政治制度並無相當機制處理此問題。作者更提到**實驗發現越高權力慾者的鏡像神經元越少能反射別人的行為，且顯現出自我中心、無恥、沒同情心，更因法律保障平等且忽視道德篩選，使該類人不只容易生存甚至常能獲取高位。**然在古代採集社會下接近「友善者生存」的人應該能生存於現代社會，但卻被無恥者掌權後奴役，而這些無恥者在採集社會是會被淘汰驅逐的。

現況的單位與政府的確嚴重扭取體制下的人性選擇。但怎辦呢？

布雷格曼提醒**人類最後還是要自己決定想走向滅亡還是走向改善，都取決於自己。**如果想採性善論，人類彼此就會善待；而若是想採性惡論，人類彼此就會互防。

若是選擇前者，企業上則人類該信任員工讓其依自主討論找出最佳效能之做法而能取得互信及效能。而政治上，讓民眾可以共同自主討論找出最佳效能之政府施政而能取得互

信。這當中都少去了傳統的管理階層與民意代表，成功的實務案例上，已有荷蘭強調無中間管理之照顧企業的員工自主制與巴西阿列格雷市的參與式預算制，都可以是未來人類的自主更優制度。

超級歪對人慈一書的介紹

圖 7-6　荷蘭歷史學家羅格・布雷格曼（Rutger Bregman）著《人慈》一書。

4. 哪種政治制度好？

筆者無意捲入黨派或政體的爭端。

因筆者甚為贊成墨子兼愛說法，是否聽聽看墨子怎麼說。墨子稱「今天下無大小國，皆天之邑也。人無幼長貴賤，皆天之臣也。」（法儀篇）也就是墨子認為國不分大小，人也不分貴賤，均上天所重視，故而主張一律平等，比西方的盧梭提出平等的看法早 2200 年。

墨子又稱「官無常貴，而民無終賤，有能則舉之，無能

則下之，舉公義，辟私怨，此若言之謂也」（尚賢篇）意思
就是做官的不會永遠富貴，而民眾不會永遠貧賤。有能力的
就舉用他，沒有能力的就罷黜他。高舉公義，避開私怨，說
的即這個意思。

墨子期待在倡議人人平等後，再來可推舉有能力的賢人
來擔任官吏，若是無能力的官吏也應該罷黜。也就是不管是
哪種制度，墨子認為須先人類能「平等」與「兼相愛」後就
可用推舉的方式來推舉賢人擔任官吏來服務眾人。

筆者也同意此，畢竟不論哪種政治制度，他的組織與人
民若都不能相愛且屏除自私後，都仍會有延續的困難。劉庭
安評析的民主制度確實值得省思。[22]

筆者擬將政治制度分成兩層面，即民意反映上與民選首長上。

在民意反映上，筆者認為現今最平穩的政治制度應該是
審議式民主制。審議式民主是 1980 年對民主多數暴力與無
法相容並蓄的不滿而產生[23]。「審議式民主」（deliberative
democracy），主張公民透過公共審議的方式參與公共事務和

22　劉庭安（2018/1/2），我們熟悉的世界正在崩壞——「民主制度」或許無
　　法逆轉，但它不曾、也不會是所有問題的萬靈丹 https://crossing.cw.com.tw/
　　article/9196。
23　王業立（2017），《政治學》第二版，臺北：晶典文化。陳康寧（2020），
　　何謂審議式民主？ https://philomedium.com/blog/81276。

決策。不再僅把選出議員與首長視為民主選舉的核心，而將
公民共同對重大公共事務的定期討論並決策才是民主最重要
的精神。這須有五大原則：相互性原則、公開性原則、基本
自由原則、基本機會原則、和公平機會原則。尤其前兩項必
須努力消除人類容易有的歧視言行與群體偏見。

　　台北市前市長柯文哲試辦八年後 2022 年稱參與式預算最
大好處是以前公務員視民眾為洪水猛獸，現在每年走到第一
線，和民眾直接參與討論溝通。筆者認為里民、大學與高中
的參與審議式預算更讓民主實施更為深化與普及，是華人社
會難得的寶貴經驗。

　　荷蘭歷史學家布萊格雷（Rutger Bregman）在《人慈》中
稱民主政體都被至少七種瘟疫所侵擾，包含政黨持續腐化、公
民不相信彼此、少數人遭排除、選民失去興趣、貪贓枉法的政
客、有錢人逃稅、民主充滿貧富不均。能喚起矯治號角的只有
1989 年起巴西阿列格雷港（Porto Alegre）推出審議式民主的
參與式預算，而至今推到 1500 個城市。這制度激起公民不分
貴賤地彼此溝通，使不信任到信任與包容、也從腐敗到透明、
從利己到團結。有效率到甚至須加稅也都被討論與支援。

　　另一方面，民選首長上，筆者認為現今最平穩的政治制
度應該是委員制，筆者認為瑞士能維持和平兩百年實非偶然。
其發展的背景是因該國原由多個城邦組成，且各自平等且互

相尊重。委員制最接近筆者認為最理想的審議式民主，該制度不以多數決與議員為依歸，而以公民討論並相容各方意見整理出可行的決議後再交由民意機關確認而行政機關執行。

以瑞士為例，四年任期的國會根據政黨比例選出七委員（見圖 7-7），並從中輪流一年任期的總統與副總統，不得連任，副總統則將成為下一年之總統，其權力自然受到節制且因而謙虛，並能互相尊重，確實是一套可長可久的制度[24]，當然該制度仍有其缺點[25]。該政體有幾個特徵：

1. 委員由國會議員根據政黨比例從資深國會議員選舉後任命，再由同一政黨遞補之。

2. 委員各執掌一個部會。

3. 委員會才是最終決策單位，不是總統。

4. 委員輪流擔任總統與副總統，任期一年對外代表國家。

筆者甚至認為以當今手機網路盛行，徵詢、彙整、與表決可行意見、都可用手機 APP 軟體來完成，執行進度也可以透過軟體告知，取消容易偏私的政黨與民意代表的完全透明政府並非不可行。

---

24 可參考維基百科之瑞士聯邦總統。

25 瑞士快訊（2020/12/15），瑞士的聯邦委員會，經不得風雨？ https://www.swissinfo.ch/。

　　法國的青年政治經濟學家茱莉亞・卡熱（Lulia Cagé）出書《民主的價碼》[26] 看到民主大國漸漸取消政治獻金的上限而冷靜地指出民主制度已經被財團與政客玩壞而需要重建。書中作者提出兩項關鍵翻轉的真民主策略。第一是「政黨財源民主化」，將政府給政黨的競選補助經費分配給每位可投票的公民「公民券」給贊成的政黨，讓政黨不必倚靠財團也能當選，國家也可以在不增支出下能矯正走偏的民主，想支助者也只能同金額下支助政黨。2017 年美國西雅圖就開辦此而矯正民主，甚至被富翁控告違反富翁的平權法案但不被法院認可。第二是「國會組成混成制」是指將議員席次分區域代表與社會代表，而社會代表則由職業人口的比例組成，以矯正議員比例越來與民眾職業組成脫鉤。

五、代結論

　　維持最久沒戰爭的國家是七百年的安道爾及二百年的瑞典與瑞士。他們確實用上智慧讓戰爭不再發生，值得世人省思學習。也知道連連戰亂的國家是怎樣發生，世人該人類怎樣用智慧選擇。筆者提出柏拉圖的政體循環論、孔子在禮運大同篇講出該在天下為公的民主下推出人不獨親其親，不獨子其子的兼愛，以成就大同之世。歷史學家布雷格曼從歷史

26　茱莉亞・卡熱（Julia Cagé）（2021），《民主的價碼：一人一票，票票「等值」？》，譯者賴盈滿，臺北：時報出版。

與人類發展證實人性本善,但須時時小心擺脫自私與政客。他建議建立政治制度是減少議員找出全民審查的參與式預算與公投議案。**筆者提出最好的政治制度是「民主大愛論」的理論下運作會是最為完善,也就是國家需推動視人如己、不分親疏的大愛道德教育,並採取直接民主的運作讓民意可以透過討論與統計選票下充分表現在各項的政治方案的一種理論。**也採取自由主義式多元文化主義主張個人的文化選擇權優先於族群的強迫認同,使個人權利與集體文化都能得到尊重。如此方讓人類社會可永續「友善者生存」,使「無恥者生存」的政客或嗜權者無法掌權或取得執政,確保世界大同可永續。

筆者認為更好的制度應該是由各領域的最傑出且最能孚眾望的人士來擔任委員,如七、九或奇數位的委員,如自然科學家、社會科學家、文史哲美學家、法學家、工程師、教師、廚師等。因為他們正直而能孚眾望,超脫出區域代表、政黨代表與個人慾望,能真正以人類未來的福祉為唯一考慮,且不會有人懷疑,瑞士是由上下議院共同選出七位聯邦委員。

委員		加入時間	政黨	州	職責
於利·毛雷爾 Ueli Maurer		2009年1月1日	瑞士人民黨	蘇黎世州	聯邦財政部部長
西莫內塔·索馬魯加 Simonetta Sommaruga		2010年11月1日	社會民主黨	伯恩州	聯邦環境、交通、能源與通訊部部長
阿蘭·貝爾塞 Alain Berset		2012年1月1日	社會民主黨	佛立堡州	聯邦內政部部長
居伊·帕爾蘭 Guy Parmelin		2016年1月1日	瑞士人民黨	佛德州	2021年度聯邦總統；聯邦經濟事務、教育與研究部部長
伊尼亞齊奧·卡西斯 Ignazio Cassis		2017年11月1日	自民黨.自由黨	提契諾州	2021年度聯邦副總統；聯邦外交事務部部長
卡琳·凱勒-祖特爾 Karin Keller-Sutter		2019年1月1日	自民黨.自由黨	聖加侖州	聯邦司法警察部部長
維奧拉·阿姆赫德 Viola Amherd		2019年1月1日	基督教民主人民黨	瓦萊州	聯邦防衛、公民保護與體育部部長

圖 7-7　瑞士政體為委員制七人，各是根據國會議員根據所屬政黨得票率取得該委員並辭去議員，由同黨議員遞補（摘自維基百科）。

　　瑞士值得華人或世界學習的地方在於瑞士永遠避免用民粹面對國家問題「國家的未來就是我的事」，他們用公民意識的理性腦袋，讓每次的政策制定與民粹絕緣，與台灣形成強烈對比。在小學的教室裡，只有一項原則「同一時間，只能有一個人說話」。老師會上課後問同學問題但會不斷強調此。這使瑞士人熟知每個人都有表達意見權利，前提是尊重。」瑞士政治學者林德（Wolf Linder）認為瑞士能從貧窮走向富裕安定，成熟的公民意識，扮演了重要角色。什麼是「公民意識」？簡單來說，就是每一位成員明確了解自己既是獨立不可侵犯的自由個體，也是整體中不可或缺的一部分；有權利享受自由的生活，也有責任為維護或改善整體現狀，做出貢獻。「共同體」

的概念是瑞士政治中最被強調的價值。國會大廈穹頂內部，是由畫著各州州旗而在十字國徽上下，則用拉丁文寫的國家格言：人人為我，我為人人。這是互助的集體意識。[27]

　　最後筆者建議理想的政治制度為地方與中央均採委員會制，州縣政委員與國政委員會候選者不可加入任何政黨，且有穩定與超黨派階級之言行，且須有被認可之德行，因孔墨均贊成德行是為政者之首要標準。至於任期則可由三或五年為一任，可連任，由公民直接選舉，接受民意監督。並輪流平均分配之期間擔任首長與副首長。公民另直接選舉國會議員與地方議員。並每季舉辦公投，使民意不被黨意或民粹綁架。如此才能使穩定的互助與民主永續。

27　鄭閔聲（2016.2.17），〈瑞士最強公民國〉，《今周刊》，1000 期，
　　https://www.businesstoday.com.tw/article/category/80398/post/201602170003/。

第 8 章

貧富常不均，分配怎公平：
怎樣做到經濟和平

　　金錢還沒發明前，人類習慣以物易物，約三千年前先後用貝殼、寶石當作貨幣，但各有易破損與太稀有的缺點，金屬貨幣啟用後因容易鑄造更是普及。貨幣可更方便「儲存價值」及「交易」。

　　1200 年前唐朝更首先發明紙幣稱為「飛錢」，用來代替各種有價值的事物來交易，但問題是紙張本身價值低，會信任該紙幣的價值是因為信任該紙幣的發行單位有相對應的價值物以支撐該價值。

　　經濟學的吉尼指數是探索一國財富分配的指數，而吉尼係數是將全部家庭的所得進行兩兩互相比較，然後將差異值

加總，再予以標準化後介於 0 與 1 之間，其值越大代表所得分配越不平均。而我國另也使用五等分位差距倍數，其是將所有家庭依每戶所得收入由小至大排序後，按戶數分為 5 等分，最高 20% 家庭的所得除以最低 20% 家庭所得之後的的倍數即為 5 等分位差距倍數，倍數越大，表示所得分配越不平均。下表顯示我國與其他國家之差距。吉尼指數被認為若超過 0.4 則會危及社會穩定。

國 名	年別	五等分位倍數(倍)	吉尼係數
我國	2019	3.90	0.276
韓國	2018	6.54	0.345
日本	2014	4.99	0.310
新加坡	2019	-	0.398
中國大陸	2016	6.97	0.385
馬來西亞	2015	8.16	0.410

表 8-1 每戶可支配所得的差距。

國 名	年別	五等分位倍數(倍)	吉尼係數
我國	2019	6.10	0.339
日本	2018	6.42	-
香港	2016	21.20	0.524
韓國	2018	16.98	0.486

表 8-2 每人可支配所得的差距。

資料來源：行政院國家發展委員會網站，引用主計總處之 2019 年家庭收支調查報告。

近年來不同經濟體制的各自發展與比較後，已經又更多瞭解，以下我們一起來探索經濟制度與人性貪婪的互動，及怎樣改善。

一、人類社會的經濟發展與不同經濟制度

　　人類在漁獵時期到農耕時期的財產權觀念將從部落的獵場到個人的農地，此時不只是社會的形成是因素，食物生產方式更是關鍵。到工業時期，人類社會分工更精細，人類不再單靠農地生產，而有工業與分工貢獻者均能靠勞動換取食衣住行等民生物資。

　　也因為十七世紀蒸汽機發明的工業革命後至今，機器能代替人類勞力，人類常因分配問題有所衝突，也提出以下解決的理論。

　　（一）資本主義：資本主義具有四項特質：

　　（1）經濟生產的工具（含資本）集中並控制在私人手裡；（2）資源及財富是透過自由市場的操作而獲得；（3）勞力是由工人在勞動市場中出售勞務而得到；（4）最大利潤的追求是經濟活動的目標與激勵[1]）。其優點是能符合人性私有的習慣、能大量生產物廉價美的產品、有財富與生產工具者能迅速累積財富、因私有化而間接造成政治的自由主義推動民主與自由；缺點是貧富不均擴大造成經濟不平等、窮人只能被剝奪勞動力且常難翻身。典型推動之政黨如美國的共和黨、英國的保守黨、日本的自民黨。

1　取自教育大辭書之資本主義精神。

（二）社會主義：

具有三項特質，即生產集體化與計畫經濟、須完全注意勞工全體利益、注重社群、合作、平等、階級禍害、共有制[2]。社會主義在資本主義國家尚可區分社會民主主義和民主社會主義之分。**前者支持通過在自由民主體制和資本主義經濟體系下，通過經濟干預和社會干預的手段促進社會正義。社會民主主義支持代議制和參與民主，主張進行收入再分配，通過調控手段使經濟發展符合大眾共同利益，建設福利國家亦是社會民主主義的目標之一。**典型代表之政黨是英國工黨、澳洲工黨、加拿大新民主黨、瑞典社會民主工人黨等。後者是一種把現代民主憲政和社會主義經濟合為一體的政治意識形態。民主社會主義屬於社會主義的範疇，它比一般的社會民主主義更為左傾。主要代表有巴西勞工黨、法國左翼黨等。

北歐三位挪威學者著的《北歐不是神話》一書中講社會民主主義主張優質的社會應每個人都能享受基本社會服務。主張貧窮及不平等都會嚴重妨礙個人自由，認為民主程序所選出的政府須讓每個人都有公民自由、擁有最基本的物質財富、擁有平等的機會。而此經濟政策建立在三個基礎之上。一、政府、雇主、與工會的三方協商而非彼對抗，使年年加薪成為可能；二、全面的福利國家，重稅下有免費的終身教

2　Heywood（2016），《政治的意識形態》2版，陳思賢翻譯，臺北：五南。

育與醫療安養;三、以獲致高技能勞動力為主的積極產業政策與健全的財政環境。此制度雖來自維京民族早期海盜的共享文化,然卻漸漸形成互助互利的社會風氣,使重稅及普及的教育與福利成為可能,並在義務教育發展社群意識與合作意識以消除階級藩籬,使全民有意願維持不分階級的全民福利,而英國流行病學家威金森和皮凱特(Wilkinson & Pickett) 著《社會不平等》 一書中也發現嚴重不平等的社會,嬰兒死亡率較高,預期壽命較低,精神疾病罹患率較高,不平等不僅會傷害下層階級,也會傷害上層階級的健康。 其推論可能是因在不平等的社會中,人們更強調聲望與競爭,變得更憤世嫉俗,恐懼與不安全感更強,社群意識更弱。

此可看出互愛互利的社群意識須認真培養並使長遠,才能創造長久均富安樂的社會。

(三)共產主義:

馬克思認為人類將從資本主義過渡到社會主義而最終到共產主義。具有四項特質即生產集體化、計畫經濟、無產階級專政、民主集中。其中末項是由列寧所提出以符合實現贏得政權並維持政權的所需。

筆者認為甚至 21 世紀以來電腦或人工智慧也將能代替人類智力後,人類將更可能因自身勞力與智力均遭剝奪而進一步反思人類到底要怎樣經濟分配才能利益自己與社會?其解

方在哪？ 這確實需要人類集體盡速找到方向與穩定人心。

二、不平等如何形成？

以上的各經濟主義都有其理想，也都對不平等與分配問題提出方向。筆者提出以下兩說法。

（一）盧梭的說法

法國哲學家盧梭最有名的著作是主張「國家是由社會中人民的共同契約下授權組成」的社會契約論，這是美國與法國立國憲法的民主理論基礎。其早期的著作於1754年撰寫《論人類不平等的起源與基礎》，提出人類不平等的起源基礎是來自「自尊」，而之後出現的「土地財產權」則加重這種不平等狀態。但自尊與財產權的觀念都是在「社會人」之下才會有的心理與狀態。當人類還是「自然人」階段時，是不會有自尊與財產權的想法。自然人等於是人仍處於一般動物狀態，沒有相互比較的心理認知；當人由自然人轉為社會人時，就會產生相互比較的各類自尊的認知，也因此就有了不平等想法的產生。也就是，當人由散居互不統屬的自然人轉為共居的社會人而形成社會時，不平等就產生了，所以不平等是伴隨著社會的出現而產生的。[3]

3　Bachofen（2019），《論盧梭《論人類不平等的起源與基礎》》，蘇威任譯，臺北：開學文化。

（二）亞當史密斯的道德情操論與國富論

世界的經濟學之父英國人亞當史密斯（Aam Smith）早在 1776 年出版名著《國富論》，被認為是資本主義第一本著作，引導資本主義的發展。但少人知道更早的 1759 年更先出版《道德情操論》。

在《道德情操論》中破題地問：「為什麼一個自私的人，在本性上還是會堅持某些節操，並認定旁人的快樂對他是重要的？」他自己說：「同情心（sympathy），意即感受他人的苦痛的能力就是這節操的一種。」並繼續尖銳地問：「當我們知道自己即將失去小指頭，心裡的感覺一定比聽到遠方有大量陌生人死亡的感覺糟很多！」但是若有選擇，史密斯追問：「是否有人會為了保全自己的小指頭而讓遠方素未謀面的人大量死去？」畢竟「同情仁慈的力量，再怎樣強大也無法與內心的自利衝動相抗衡！」但因為我們內心深處有一個無私的旁觀者（impartial spectator）的緣故，自利的自己所做出的決定，必然會被無私的旁觀者加以審視，它會時時對你諄諄教誨，讓你知道「慷慨的合宜與不公不義的醜惡」。無私的旁觀者會為你自己設下了一個道德標準，如果你為了自己的利益而傷害人，那你將永遠受道德良知的譴責。這裡講到的是愛也及人的大愛。

在《國富論》中，史密斯認為國民財富的產生主要取決於兩個因素，一是勞動力的技術、技巧和判斷力，二是勞動

力和總人口的比例；在這兩個因素中，第一個因素起決定性作用。透過價格機制的導引，使得追求自利的個體行動也能促進社會整體的效率，並講到市場上會有「一隻看不見的手」調節以使自利與社會進步達到兩全其美。[4] 而很多人認為這隻看不見的手其實就是市場機制。

《國富論》被認為是奠定了資本主義自由經濟的理論基礎。後來的經濟學家李嘉圖進一步發展了自由經濟、自由競爭的理論；馬克思則從中看出自由經濟產生「週期性經濟危機」的必然性，提出「用計劃經濟理論解決」的思路；凱恩斯則提出政府干預市場經濟宏觀調節的方法。都是在其基礎上提出各進一步之改善方向。

（三）希臘經濟學家瓦魯法克斯（Y. Varoufakis）的說法

瓦魯法克斯認為資本主義是工業革命前後的 15 到 18 世紀因人口擴充而需要大量生產農工商品下生成，此時生產要素是商品化、市場化。人類交易分為交換價值與體驗價值。前者是指當一種產品在進行交換時，能換取到其他產品的價值；後者是指顧客從企業提供的產品或服務中所體味到的源於內心感受的價值。他認為資本主義著重的是交換價值多於體驗價值，雖被認為此屬實際利益，但不太完全符合人性需

4　林明仁（2019）《國富論》vs.《道德情操論》，亞當斯密雙重人格下的產物？詳見關鍵評論 https://www.thenewslens.com/article/124102。

要的快樂。舉某英美兩國之捐血研究為例,捐血在英國是樂捐,而在美國是有償捐血,但英國的捐血意願更高,此表示把所有事物商品化並不完全符合人性需要。此若以馬斯洛的需求五層次(即生理、安全感、歸屬感、尊重、自我實現)來說樂捐會引發行善的快樂接近自我實現需求的滿足,這會比滿足生理飲食需求之交易的快樂好上許多。

瓦氏也提到資本主義的經濟引擎是靠資金需求者向銀行業借錢的債務來推動,但資本家期待減少薪資支出與大量生產確有矛盾,因為會使多數大眾的薪資不高而無力消費,所以經濟發達的代價是面對不穩定,他建議生產工具讓員工共同擁有才是解決之道,這就是員工入股的概念。因認定市場化無法處理地球環保與氣候問題,而應重新喚起對大眾對體驗價值的重視才不會盲目追求物質欲望而忽略地球的美景保護。[5] 筆者認為這是值得體悟與倡導的觀念,這是一種兼愛互利的觀念,不只自己好、親友好、全人類好、也須天地好。

三、經濟制度與貧富不均

法國經濟學家皮凱提(Thomas Piketty)在 2014 年著作

5　Varoufakis, Y.(2019),《爸爸寄來的經濟學情書:一個父親對女兒訴說的資本主義憂鬱簡史》 Talking to my daughter about the Economy or, How Capitalism Works — and How it Fails,黃書儀翻譯,臺北:大寫。

《二十一世紀資本論》指出因為資本拿來投資的報酬率永遠超過經濟成長率，約 2% 到 4%，若不認真節制資本的結果，經濟成長的果實會愈來愈被資本家壟斷。尤其在人口老化，經濟成長趨緩的已開發國家，財富貧富差異會最嚴重。其發現，替課徵資本稅與遺產稅的正當性，找到關鍵證據。而人類間的貧富差距會越來越大，彼此也會越來越自私而造成貧富或階級衝突。認為 30 年內，全球各主要市場經濟的資本集中度，約 80% 以上集中到最富 10% 的人手中。財富分配太不平均，社會上絕對充滿不安定的因數。如果不在體制內做改變，那麼難保不會發生戰爭、革命之類的體制外翻轉。他建議最適遺產稅率應是「在 50% 至 60% 之間」。此外每年課「資本持有稅」，徵收每年總資產的 1% 或 2%。其認為既然資本報酬率動輒 4% 或 5%，那麼抽 1-2% 稅資本家當然付得起，此可稍微減緩資本家的資本累積速度。

德國經濟學者巴古斯及馬誇特（Bagus & Marquat）在 2015 年著作《國家偷了我的錢》（圖 8-3）以奧地利經濟學派觀點認為當今貧富差距越來越嚴重的原因就是認定國家會通貨膨脹是因為政府增加貨幣供給，也就是亂印鈔票，才導致的現象，而這場持續百年的騙局中，有權者與資本家都是大贏家，因為貨幣供給增加之初，物價還未上漲，政府用賣公債給銀行，將新錢進行想要的採購與償債，而銀行提供利息給存款戶並借錢給大財團，使其可趁此機會利用財務槓桿炒

高房地產與股票價格，成為通貨膨脹現象之下的受益者。然而，當錢流到受薪階級與社會中下層人時，物價已經上漲，而房地產被炒高，手上的薪資無法負擔，此時只能看著物價與房價高到受不了。如此循環將使多數百姓深陷即使努力工作也無法避免貧窮。而各種貧富權階級都會更加短視近利，且各忙其中。其建議只有改善政治制度到賢能出頭且全民清醒才能改善此宿命的惡性循環，否則只有靠發動戰爭與經濟蕭條擇一因應。

圖 8-3　巴古斯及馬誇特 《國家偷了我的錢》

圖 8-4　威金森和皮凱特《收 入不平等》。

　　英國流行病學家威金森和皮凱特（Wilkinson & Pickett）在 2019 年《收入不平等》（圖 8-4）一書認為，根據大量的資料與嚴密的邏輯告訴我們，即使現今的窮人在「絕對的財富水準」上與過去相比已有長足的進步，但「相對財富水準的落差」依然會為社會中所有階級的人們帶來焦慮與脆弱感，並使經濟不景氣與族群分裂的發生愈趨於頻繁。不同的財富水準會對人類的心智具有如此巨大的影響，這與我們人類與生俱來的兩種心理機制有關：（1）支配行為系統（Dominance Behavioural System, 以下簡稱 DBS）支配行為系統無論是人類、猿猴或是其他動物，只要群體當中存在涇渭分明的階級體制，我們就能觀察到「支配行為系統」的出現。在人類的老祖宗 - 史前人猿的社會裡頭，由於猿與猿之間的體型差異懸殊、強弱分明，因此個體便慢慢發展出這種心理機制，讓每一頭人猿都能根據自己在社會中所處的階級學習到最佳的社交策略。比如說一頭強大的人猿可以對其他同類進行威懾，來優先獲得進食及交配的權利。另一方面，較為弱勢的人猿則必須懂得向強大的同類表示退讓與臣服，以避免毫無勝算的衝突、確保自身的安危。（2）社會腦系統（Social Brain）我們的祖先之所以能夠從眾多猿類中脫穎而出並逐漸演化成智人，其中一個因素就是牠們選擇以群居的方式過活。為了應付群居生活中複雜的社會環境與人際關係，牠們的大腦隨著聚落規模的增加而不斷擴展，最終使得人類的腦容量與同屬靈長類的猿猴相比大了不少。貧富差距會讓社經地位越低

者，身心狀況越差遇到問題時也較為缺乏用來應對的資源而衍生暴力事件、入獄、低教育水準、高未成年生育率等並且惡性循環，並使社會割裂對立，也會因不快樂而導致藥酒癮氾濫。最後提出全體社會的幸福感其實早在上個世紀七零年代左右就與經濟成長脫鉤，而不必再繼續無限制地追尋富有。列出了數個具體的建議，讓我們能在不藉助經濟成長的情況下提升全體人類的幸福感：1. 採用累進稅制與擴大社會福利政策，使社會中的財富能被妥善地分配。2. 鼓勵大家加入工會，或是由國家成立薪資理事會，來維護勞工權益與工作條件。3. 鼓勵公司讓員工持股，並允許員工代表進入董事會，讓公司能夠從少數人手中的資產，轉變成一座溫馨而平等的社群。4. 確保因電腦與自動化設備而減少的工作量能確實地轉換成所有人的閒暇時間，而不是讓弱勢族群失去工作。5. 積極推動早期啟蒙教育，讓出身窮困家庭的孩子也能與其他人站在同一個起跑線上。

2013 年查理斯・艾森斯坦（Charles Eisenstein）在《Sacred Economics（神聖經濟學）》一書中，回顧了從古代贈禮經濟到當代資本主義時期的貨幣發展史，發現貨幣體系會鼓勵競爭、造成不去培育萬物、毀滅社群，並強迫經濟規模不斷擴張。而如今這些趨勢因為地球資源的已經耗竭，即將崩潰前，提出或許可轉向翻轉並可永續的生存方式。

他認為貨幣制度必須改革，且這一改革已經發生。提出

新式經濟學說的前衛理念，包括利率為負值的貨幣、地方貨幣、以資源為基礎的經濟、贈禮（互利）經濟體，以及共有資源的恢復。任何文明都有自己的一套世界觀，包含「我是誰」和「我和世界的關係」。作者指出我們這一階段文明的主流思想，是認為「我」是獨立的個體，和其他人分離，和自然也是分離的。如果我想得到更大的福祉，甚至只是要生存，就要不斷和其他人競爭，追求自利的最大化；要藉著理性和科學理解世界，最終達致完全控制世界和征服自然。為了自利，我們要佔有，而有了還要更多，所以就想擁有財富，囤積財富，並以此賺取更多。問題是，這套世界觀創造的世界正在崩解中，在我們的內心也越來越沒有共鳴。這是一個文明的危機，要渡過這個危機，進入一個新的文明，我們需要一個新的世界觀，以及建基於該世界觀的社會、經濟和金錢制度。[6]

人類需瞭解到「我」和其他人是相連的，和自然也是相連的。要把這種世界觀反映在經濟和金錢制度上，取而代之的，該是怎樣的金錢和經濟制度？其認為我們的制度需要以下的改變：

（1）負利率：存錢在銀行須繳交手續費而非給利息，此

6　Yuen, Holf（2019/1/5），為什麼沒有錢？因為金錢制度決定了錢是永遠不夠的 https://medium.com/@holfyuen/，為什麼沒有錢，因為金錢制度決定了錢是永遠不夠的。

可鼓勵金錢流通而非囤積且有效逆轉貧富兩極化。因把錢存銀行而被收每年 5% 手續費，人們寧願把錢以零利率借給他人，或者把它花掉，甚至花在助人上。

（2）向擁有資源（含地主）者和汙染者而徵稅：沒有人應該單單因為囤積資源而致富，向他們徵稅可以減少貧富懸殊；另一方面最善用資源的人仍然能夠賺錢，將保存令社會進步的企業家精神。

（3）經濟和貨幣本土化：鼓勵本土經濟可一來較環保，二來可有效建立社群；本土貨幣促進本土經濟和本土商業，把貨幣留在當地社區。當生產和交易能本土化，對當地的社會及環境之影響會變得明顯，人類將更難對現時全球化經濟下的剝削勞工和破壞環境視而不見。

（4）社會紅利（無條件基本收入）：把共有資源帶來的財富分享給每個人，令財富分佈更公平，二來當人們不再因為生活壓力而被逼工作，他們的創意和服務他人的潛能便得到充份釋放。世界有大量工作急需我們去做，例如照顧病人和弱勢社群，修補人類對大自然的破壞等等，這些工作雖然重要但因賺不到錢而沒有人做，未來可倡導互助來做。

（5）經濟肥胖瘦身化：無限的經濟增長不能在有限資源的地球實現。當不再破壞大自然，而把商品和服務變回 DIY 和社群互助，經濟雖下滑，但人類可身心更健康，正如人

到了十來歲停止長高並不代表他不再成長一樣，此時可更增長智慧。

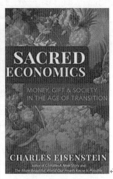

圖 8-5　艾森斯坦及其著作

最後艾森斯坦給「我們可以做什麼」的建議。他稱從舊世界進入新世界，不是一件簡單容易的事，需要我們思維和行動上的轉變。他建議：

（1）學會接受別人的恩惠：在現代社會，我們都習慣了「貨銀兩訖，永不相欠」的經濟獨立，不靠別人，此雖是金錢交易的方便，但這也表示人與人間的疏離。但當自己不再是獨立個體，就會願意和他人建立連繫，不怕欠人家人情債，也不介意有能力的時候回報他人，這種恩惠的互相流通才能建立緊密的社群。筆者認為這裡幾乎就是墨家「兼愛互利」的基本概念。墨子主張「愛人者人恆愛之，利人者人恆利之」，能更兼愛才能夠互利，人類也才能互信互惠。

（2）不囤積：物品或金錢都不要累積多於生活所需。不要炫富，若為了安全感而囤積以備不時之需，可能違法而受罰。

（3）建立社群：我們要重建守望相助的社群，需要創造「我們需要大家」的環境，彼此幫助，讓恩惠在社群中流通。但我們不能以廢除金錢或放棄科技逼使社區中每人都倚賴對方，而是想辦法滿足今日無法滿足的需要，例如真正的連繫、美麗、愛、健康。

（4）量力而為：鼓勵對自己與別人都量力而為。「恐懼」不是需要克服的敵人，其可避免危險。在能力範圍內貢獻，也在恐懼改善後漸漸於突破自己的限制。

（5）有餘錢的要好好運用：有人因為家族或自己的工作有一筆錢，那也是上天的禮物，把它隨便花掉或任意捐贈也是浪費，建議應該把它好好運作。建議把它投放在建立社群和修復自然之上。不要為了累積更多的金錢，而是把錢分享給最有需要的人和事身上。

四、集體作為

聯合國在 2000 年推動的「千禧年發展目標」（Millennium Development Goals），盼以 15 年達成消滅貧窮饑餓、普及基

礎教育、促進兩性平等、降低兒童死亡率、提升產婦保健、對抗愛滋、確保環境永續、全球夥伴關係等八項目標。2015年檢視成果目標，發現消除赤貧最有成果。15 年來共投注 2千億美元給低收入國家，全球的動員努力已促成史上最成功的抗貧運動，已經協助超過 10 億人脫離極度貧窮的狀態。以1990 年為基礎，在 2015 年前將全球赤貧人口比例減半，結果減少得更多：1990 年開發中國家赤貧人口占 47%，目前僅占14%；中國減少最多，1990 年赤貧人口占 61%，目前僅 4%。但卻也坦承性別平等最失敗，遠遠未達標，女性仍比男性更有可能貧窮，全球女性成為有薪酬勞動力的比率增加得太慢。有太多人遠遠落在後面，特別是最貧窮者，以及那些因為年齡、性別、殘疾、種族或地理位置等而處於弱勢者；同時，持續地有許多婦女和兒童在妊娠期間、或因分娩有關的併發症而死亡；另外還有太多民眾欠缺適當的衛生設備，特別是在鄉村地區。[7]

聯合國接續於 2015 年起續推「永續發展目標」（Sustainable Development Goals，也就是著名的 SDGs），新計畫是在 2030 年之前，達成 17 項目標，涵蓋範圍更廣。SDGs 有 17 項目標，其中又涵蓋了 169 項細項目標。見圖 8-7。

7　Weng, S.（2015/07/09），聯合國「千禧年發展目標」最終成果報告：10 億人脫離赤貧，性別平等最失敗 https://www.thenewslens.com/article/20185。

SDG1　終結貧窮：消除各地一切形式的貧窮。

SDG2　消除飢餓：確保糧食安全，消除飢餓，促進永續農業。

SDG3　健康與福祉：確保及促進各年齡層健康生活與福祉。

SDG4　優質教育：確保有教無類、公平以及高品質的教育，及提倡終身學習。

SDG5　性別平權：實現性別平等，並賦予婦女權力。

SDG6　淨水及衛生：確保所有人都能享有水、衛生及其永續管理。

SDG7　可負擔的潔淨能源：確保所有的人都可取得負擔得起、可靠、永續及現代的能源。

SDG8　合適的工作及經濟成長：促進包容且永續的經濟成長，讓每個人都有一份好工作。

SDG9　工業化、創新及基礎建設：建立具有韌性的基礎建設，促進包容且永續的工業，並加速創新。

SDG10　減少不平等：減少國內及國家間的不平等。

SDG11　永續城鄉：建構具包容、安全、韌性及永續特質的城市與鄉村。

SDG12　責任消費及生產：促進綠色經濟，確保永續消費及生產模式。

SDG13　氣候行動：完備減緩調適行動，以因應氣候變遷及其影響。

SDG14　保育海洋生態：保育及永續利用海洋生態系，以
　　　　確保生物多樣性並防止海洋環境劣化。

SDG15　保育陸域生態：保育及永續利用陸域生態系，
　　　　確保生物多樣性並防止土地劣化。

SDG16　和平、正義及健全制度：促進和平多元的社會，
　　　　確保司法平等，建立具公信力且廣納民意的體
　　　　系。

SDG17　多元夥伴關係：建立多元夥伴關係，協力促進永
　　　　續願景。

圖 8-6　聯合國永續發展目標 SDGs 17 個目標。

8-1 SDG 1 終結貧窮（消除各地一切形式的貧窮）之細項

1.1 在西元 2030 年前，消除所有地方的極端貧窮，目前
　　的定義為每日的生活費不到 1.25 美元。

1.2 在西元 2030 年前，依據國家的人口統計數字，將各個年齡層的貧窮男女與兒童人數減少一半。

1.3 對所有的人，包括底層的人，實施適合國家的社會保護制度措施，到了西元 2030 年，範圍涵蓋貧窮與弱勢族群。

1.4 在西元 2030 年前，確保所有的男男女女，尤其是貧窮與弱勢族群，在經濟資源、基本服務以及土地與其他形式的財產、繼承、天然資源、新科技與財務服務（包括微型貸款）都有公平的權利與取得權。

1.5 在西元 2030 年前，讓貧窮與弱勢族群具有災後復原能力，減少他們暴露於氣候極端事件與其他社經與環境災害的頻率與受傷害的嚴重度。

1.a 確保各個地方的資源能夠大幅動員，包括改善發展合作，為開發中國家提供妥善且可預測的方法，尤其是最低度開發國家（以下簡稱 LDCs），以實施計畫與政策，全面消除它們國內的貧窮。

1.b 依據考量到貧窮與兩性的發展策略，建立國家的、區域的與國際層級的妥善政策架構，加速消除貧窮行動。

8-2　SDG 2 消除飢餓（確保糧食安全，消除飢餓，促進永續農業）之細目

2.1 在西元 2030 年前，消除飢餓，確保所有的人，尤其是貧窮與弱勢族群（包括嬰兒），都能夠終年取得安全、營養且足夠的糧食。

2.2 在西元 2030 年前，消除所有形式的營養不良，包括在西元 2025 年前，達成國際合意的五歲以下兒童，並且解決青少女、孕婦、哺乳婦女以及老年人的營養需求。

2.3 在西元 2030 年前，使農村的生產力與小規模糧食生產者的收入增加一倍，尤其是婦女、原住民、家族式農夫、牧民與漁夫，包括讓他們有安全及公平的土地、生產資源、知識、財務服務、市場、增值機會以及非農業就業機會的管道。

2.4 在西元 2030 年前，確保可永續發展的糧食生產系統，並實施可災後復原的農村作法，提高產能及生產力，協助維護生態系統，強化適應氣候變遷、極端氣候、乾旱、洪水與其他災害的能力，並漸進改善土地與土壤的品質。

2.5 在西元 2020 年前，維持種子、栽種植物、家畜以及
　　與他們有關的野生品種之基因多樣性，包括善用國
　　家、國際與區域妥善管理及多樣化的種籽與植物銀
　　行，並確保運用基因資源與有關傳統知識所產生的
　　好處得以依照國際協議而公平的分享。

2.a. 提高在鄉村基礎建設、農村研究、擴大服務、
　　　科技發展、植物與家畜基因銀行上的投資，包
　　　括透過更好的國際合作，以改善開發中國家的
　　　農業產能，尤其是最落後國家。

2.b. 矯正及預防全球農業市場的交易限制與扭曲，
　　　包括依據杜哈發展圓桌，同時消除各種形式的
　　　農業出口補助及產生同樣影響的出口措施。

2.c. 採取措施，以確保食品與他們的衍生產品的商
　　　業市場發揮正常的功能，並如期取得市場資訊，
　　　包括儲糧，以減少極端的糧食價格波動。

五、積極作為與疫情及人工智慧下的不得不然

荷蘭歷史學家羅格‧布雷格曼（Rutger Bregman）[8] 在

8　也是前述《人慈》一書的作者。

2017 年 TED 演講中說， 要永久消滅貧窮，解決方案其實非常簡單：給錢。 造成貧窮的原因，不是缺乏知識而是沒錢。

他引哈佛大學教授塞得希爾‧穆來納森和普林斯頓大學教授埃爾德‧沙菲的書《稀缺》中的一項針對印度種植甘蔗的農民的實證研究，因收穫甘蔗時，農民會一次性獲得年收入的 60%，也就是突然變得相對富有，而研究者在收穫前後分別給農民做智商測試，結果發現，人在收穫季前的智商相對於收穫後要低 14 分 IQ 值。簡單來說，就是人在變富有後，突然就變聰明瞭。

正是貧困或稀缺改變了窮人的思維方式和行為模式，如貧困下的生活壓力讓思維變窄與情緒不穩，甚至暴力增多，然後導致貧窮的惡性循環。消除貧窮最簡單也最有效的方式是， 直接給窮人提供可以保障基本收入的錢，改變他們的生存環境。也就是直接提供基本生活保障津貼，即可負擔每月基本的生活需求：食物、住宿和教育且完全沒有附帶條款，不對應該做什麼指手畫腳。公務員或富人不應該自認為對貧窮很瞭解。

布雷格曼說，直接給錢給窮人的方法可以是採取負所得稅，也就是當人們的收入水準降低到貧窮線時，就由政府提供收入補償。他引用了一個數據說，經濟學家估計，在美國這樣做的成本大約是 1750 億美元，這個數字是美國軍費開支

的四分之一，是美國 GDP 的 1%。而加拿大、印度、芬蘭、美國等曾做的研究都顯示極為成功。他以加拿大多芬市在 1974 年起的四年實驗證實學生表現變好、住院降低、家庭暴力降低、犯罪率降低、心理衛生變好。布雷格曼最後說無條件基本收入（universal basic income）是人類踏進不盲目投入工作來謀生或開始讓眾人共創理想世界的一個重要關鍵。

2020 年新冠肺炎疫情在西班牙造成許多底層民眾失業，該政府宣佈將發給境內低收入戶每個月 462 到 1015 歐元不等的基本收入，估計全國有 230 萬人受惠，隨著疫情造成全球性的經濟衝擊，原被視為「太左派」激進的基本收入概念，已開始實施並受到更多關注。[9]另一方面，人工智慧（AI）已經開始來臨，許多工作也將漸漸 AI 取代而消失，因此成為人的生計是否在於該視為人權而提供基本收入，或是要求更勤勞而自力救濟？您與國家選擇哪個就會有不同的後果。

9　施慧中（2020/06/02），西班牙推動「基本收入安全網」成南歐先例，公視新聞網。

只要把窮困一勞永逸地剷除掉。

Poverty isn't a lack of character; it's a lack of cash | Rutger Bregman

圖 8-7　荷蘭歷史學家 Rutger Bregman 在 TED 演講「窮人不來
　　　　自性格缺陷而是沒錢」

六、代結論

本章中，筆者嘗試解讀人類的分配議題，而此牽涉到人類的四大困境，也就是貧、病、罪、戰之核心。多數人認為個人努力的成果理當歸給自己與家人，但是從整體人類社會來看，現實社會上確實有極大的貧富不均的問題，這將導致人類社會不穩定，使貧、病、罪、戰在各地叢生。

國父孫中山先生在民生主義上開宗明義就講到民生主義就是社會主義，吃飯問題是民生主義的第一個要解決的問題，也提出民生主義兩大政策「平均地權」與「節制資本」。確實，人類的分配問題是人類民生問題的最核心，但是人類是否同

心支持，確實有待人類的共同提升。聯合國也將消除貧窮與飢餓列為永續發展的第一與第二項，可見其重要性，期待國際社會能一起達成。

《社會不平等》中稱越不平等的社會，使壽命低，精神疾病比率高，不平等會傷害下層階級，也傷害上層階級，因在不平等的社會中，人們更強調聲望與競爭，變得更憤世嫉俗，恐懼與不安全感更強，社群意識更弱。

老子道德經稱「天之道，損有餘而補不足。人之道，則不然，損不足以奉有餘。」故鼓勵應使福利制度能採取天道，社會能貧富分級課稅下互惠互利，才能人各其安，長治久安。

筆者建議以「三一互助法」來幫助全球各國家或各地方的經濟發展。也就是前三分之一經濟佳之國家幫助經濟後三分之一之國家，並且由聯合國指派專家協助將前後三分之一之國家做好的原因與特質做分析分類，讓落後之國家民眾能如麥當勞點餐系統，以公投方式點幾號餐點以決定該國可民眾想要選擇何種國家之進步模式並連續實施十年，而第二年再請前三分之一發展稍好之地方政府幫助落後三分之一之地方政府，如此可鼓勵國際互助也鼓勵國內互助，並每年獎勵進步，此模式可避開過度指導或忽視受助國或區之意願與文化特質。 此外，政治、教育等制度也都可在自由主義式多元文化主義主張個人的文化選擇權優先於族群的強迫認同，使

個人權利與集體文化都能得到尊重。

　　筆者相信若人類的兼愛提升了，同心支持合理分配以養民也就能達成。如同《人慈》一書所說漁獵採集社會下人類採共享文化，所以是「最友善者生存」，如台灣布農族阿美族等原住民之共享文化則成就團結與和諧[10]，但到農耕與工業社會後須有分工而生權力高低者之支配則漸變成「無恥者生存」，但深知此道理後引入民主表決與扁平化分工，再以兼愛互利之理以服之，並且防微杜漸，則維持合理分配當可使和平達萬年。

10　王嵩山（2001），《台灣原住民的社會與文化》，台北：聯經。

第 9 章

靈性能提升，宗教須正向：
怎樣讓宗教或靈性助人互愛

　　為何本書要講科學以外的東西，其實仔細想想，科學與靈性各是甚麼，科學是以客觀方法探索真實，而靈性則是個人對生命最終價值所堅持的信念或信仰。兩者目的不同難以一致。科學是找出物質或現象的規律，可因此而帶來方便但也可能因人性淪喪而毀滅人類，但只有靈性可以帶來道德提升與心理幸福。兩者在人類發展或每人的生活中不可偏廢。

一、靈性與宗教的定義

　　一個完整的生命體應該包含身、心、靈三部分，身是形體，心是心理感知，而靈性則是超越感知的高層次生命向度，

需透過自我的覺醒與實踐才能感受其存在。[1]

（一）靈性的定義

「靈性」是個人對生命最終價值所堅持的信念或信仰（Speck，1998）。杜明勳（2003）認為靈性其實也是一種哲學觀、價值觀並說明個人生活、社會及精神之意義與目的。[2]所以問每個人「覺得生命中最重要的是什麼？」可能每個人都會不一樣，而此代表其信念，若與宗教或哲學有關則接近信仰。

（二）宗教的定義

宗教的定義在全球很不同，若以嚴格定義則可以是「宗教是對於超自然力量的信仰，且有教主、教義、經典、教會、入教儀式」，但在此採較為廣泛鬆散的定義，即「宗教是對於超自然力量的信仰」。

二、西方信仰宗教者變少

筆者 2018 年遊覽瑞典時，與瑞典籍妹婿聊到瑞典的信教者現況，他說近二十年已經大幅減少，約從五成的瑞典人有

1　黃秀娟（2017），〈靈性、靈性學習與靈性照顧之探討〉，《臺灣教育評論月刊》，6（2）35-38。

2　杜明勳（2003），〈談靈性〉，《護理雜誌》，50（1），81-85。

信仰但至今約降到二成。

　　佛教講慈悲，基督教天主教講博愛，伊斯蘭教講普善都是積極正面。慈悲是指對眾生給安樂拔痛苦，博愛就是平等遍及眾人的愛心，普善就是和平仁愛不歧視[3]。正面部分都很值得推廣，宗教也應能正視個人的差異性，對異教與對各教派之差異應能理性包容，使宗教能助人性而能互助互愛互利，宗教領袖更應帶頭促進人類互助互愛包容互利。宗教更需能勵德，即鼓勵道德，勸善止惡，禁止歧視。

　　皮尤研究中心（Pew Research Center）在 2017 年調查歐洲基督徒參與教會活動者的比率，最多的是基督宗教歷史悠久的義大利（40%）；卡爾文教派的瑞士（27%）；德 22%、西 21%、法國 18%、英 18%；而北歐國家芬蘭與瑞典都 9%。

　　美國芝加哥大學的全面社會調查（General Social Survey）顯示，美國主流教會的比例從 1972 年的 29% 降到 2016 年的 10%。但是，美國本土發展的福音派教會的比例，同一時期從 18% 增加到 24%。原因是美國福音派基督徒十分關心政治，希望政府政策不要偏離聖經的原則。故從聯邦到地方，他們的選票對政客有相當的約束力。但克林頓總統開始，世俗化

3　慈悲與平等見教育部《重編國語辭典修訂本》。丁俊（2021-02-16），伊斯蘭教的普善精神 伊斯蘭之光 https://www.islam.org.hk。

加速，無宗教信仰人數比例從 9% 直升到 22%。[4]

　　台灣部分，中央研究院《台灣社會變遷基本調查計畫第七期》於 2015 年隨機訪問 2034 位民眾的抽樣調查報告顯示，民間信仰 35.5%，佛教 19.9%，道教 16.6%，一貫道 1.5%，天主教 1.5%，基督新教 4.5%，沒有宗教信仰 19.9%。合計無宗教者約 20%，佛道與民間信仰者約 72%，一貫道 1.5%，基督宗教 6%。目前並無無宗教者或無神論者的前後變動統計。佛教講慈悲，基督教天主教講博愛，伊斯蘭教講普善都是積極正面。慈悲是指對眾生給安樂拔痛苦，博愛就是平等遍及眾人的愛心，普善就是和平仁愛不歧視。正面部分都很值得推廣，宗教也應能正視個人的差異性，對異教與對各教派之差異應能理性包容，使宗教能助人性而能互助互愛互利，宗教領袖更應帶頭促進人類互助互愛包容互利。宗教更需能勸人互愛，禁止歧視。

　　全球無神論人口的統計甚為困難，因有共產國家推廣無神論，而回教國家壓抑無神論，且無神論者的定義不一。

　　為何西方信教者變少？

　　宗教社會學者認為是科學發達後的世俗化所引起。世俗

4　吳家望（2018），〈歐美教會何竟如此衰落〉，《生命季刊》，https://www.cclifefl.org/View/Article/6745。

化（Secularization）是指通過社會進步，特別是通過現代化和理性化，宗教逐漸由在現實生活中無處不在的地位（如包含政治、地位、健康等），退縮到一個相對獨立的宗教領域裡，社會從極度認同宗教價值觀和制度轉向非宗教價值觀和世俗制度，不再受到宗教的控制，政治、經濟、文化等層面逐漸去除宗教色彩。[5]

為因應此趨勢，基督宗教也漸有以自由主義神學來因應，如接受《聖經》只是個人生活和信仰的指導、而非必需遵守及認同所有的教條。開始包容不同性取向人士、墮胎的婦女、性工作者，尊重不同宗教人士、少數族裔傳統習俗，但這些常受到保守主義神學者的批評。

神佛真的存在

台灣大學前校長李嗣涔意外以科學實驗證實手指識字時在辨識佛、基督、阿拉時某些蒙眼者可看到他們發亮現身，可搜尋影音相關演講。科學實在是探索未知而可反覆驗證實證方法，但竟也被當作信仰而阻礙正面信仰，值得現代人省思。

5 Norris, P. & Inglehart, R. "The Secularization Debate", chapter 1（pp. 3-32）from Sacred and Secular. Religion and Politics Worldwide. Cambridge University Press.

三、靈性的內容有哪些

Howden（1992）研究靈性評估中用因素分析確立出的靈性的四個關鍵要素，分別是[6]：

（一）生命的目的與意義（Purpose and Meaning in life）：

生命的目的與意義帶給人們價值感、希望感、方向感與生存動力。如自問「自己生命的目的與意義是什麼？」

（二）內心的應變力（Inner Resources）：

自我與外在世界互動的過程中，尤其是身處危機之時，內心應變力顯示其效能，內在應變力是一種內在能量與精神上的財富，足以應付人生的各種課題。如自問「面對萬變的未來，怎樣讓自己有能量因應？」

（三）自我超越（Transcendence）：

個人在遭逢某種負面情境時，能夠超脫自我與環境的限制，實現幸福安適與自我療癒的能力。如自問「面對困難與挫折，怎樣告訴自己穩住自己？」

（四）天地人我的和諧感（Unifying Interconnectedness）：

自我與天（神）、環境（宇宙萬物）、他人與自己的一

6　黃向吟（2008），《中高齡者靈性成長歷程之研究》，國立中正大學成人及繼續教育所碩士論文。

體感、和諧感。如自問「怎樣讓自己與天、地、人一起共好與和諧？」

從以上可以看出 Howden 的靈性內容能夠相容有無宗教的人。不論有無宗教信仰的讀者也可根據以這些關鍵要素從以下的靈性提升法來找尋適合自己靈性提升的方法。

四、怎樣讓人類符合科學並提升靈性

科學發展至今，人類的靈性需求是否需要宗教，確實在宗教自由的國家已經是一個議題。如果檢視上述宗教與靈性的定義。可以知道確實不同，但過去人類確實有太多未知的超自然力量，經過科學研究與理性推演，超自然力量漸漸被解開謎團，於是宗教的需求也漸漸減少到只剩提升靈性。即使如此，人類仍有提升靈性的需求，也漸漸有人在宗教之外尋求靈性的提升。

筆者認為不論個人是否需要宗教，均有必要釐清宗教能否有效幫助自己提升靈性且穩固人類和平平和外也需符合「好想法三原則」，即「不傷害、不看不起、能自在」，也就是宗教不該鼓勵人類間彼此看不起與互相傷害外，也能提升心靈的安適自在。

筆者整理出也符合以上三原則的靈性想法以供參考。

（一）新時代思潮

新時代運動（New Age Movement）泛指六〇年代在美國興起的一個強調透過與動態的宇宙產生神祕性的結合尋求個人和社會轉化的靈性運動。其主要訴求在於企求一個理想、和諧和進步的「新時代」的來臨（Newport, 1998）。

新時代運動包含三種活動元素：整體健康運動（Holistic Health Movement），人類潛能運動（Human Potential Movement）或稱成長運動（Growth Movement）、以及非基督宗教傳統的各種宗教／靈性（spiritual）運動等。在理論的發展方面，新時代運動最初以「自我轉化」（self-transformation）或所謂的「自我靈性」（self-spirituality）為核心訴求。其提出的論述是結合西洋占星術而提出強調科學與征服的雙魚座時代即將結束，取而代之的是寶瓶時代，這象徵著融合性、包容性和理解性的降臨。本思潮得到的啟發來源之一會來自宇宙間的高靈，如賽斯、歐林、RA 等，透過通靈的方式集結成書或網頁提供思索與探索。

在八〇年代很快地超越之而到其他社會運動，諸如環境保護、和平主義、女性主義、社會問題關懷等。國內的首要推展者是王季慶女士，建議可讀以下書籍作進一步探索。[7]

7　陳家倫（2005），〈與諸神共舞：新時代運動的內涵與特徵〉，《弘光人文社會學報》，第 3 期，426-470。

　　王季慶在《新時代系列》的書總序有整理出新時代運動的七個原則。[8]

（1）我們皆為「神」的一部分：傳統的「神」，是一種超越的「外力」，父性的、權威式的判官。「新時代」則宣導這個「一切萬有」、「宇宙意識」、「存有」、「能量」為一切的源頭、本體、本來就有、不生不滅、不來不去，而我們皆為其一份子。

（2）你創造你自己的實相：我們都是自己命運的主宰，我們不必受外界任何權威的擺佈，不能再怨天尤人，而必須對自己的一切負起責任。**外界的一切，只是我們內心世界的投射。**

（3）肯定人生的意義：把人生當作學習的過程，去面對我們自己創造的「實相」。人生提供了我們的心靈能直接體驗物質實相的機會，在錯綜複雜的人際關係和五光十色的現象界，我們發揮創造力與想像力去體驗人生。

（4）道德的內在性：沒有「天堂」和「地獄」。（除非你的信念執著其中）。沒有「人格化的神」來審判你。道德不應是規律的道德而是德性的道德。「良

8　王季慶（1997），《心內革命──邁入愛與光的新時代》，臺北，方智。

知」就是我們內在的「神」，每個人只要反躬自省，
都明白應如何做，這就是「自律道德」，肯定了人
的「性善」，沒有原罪，也沒有永罰的恐懼。

（5）心身健康是自然狀態：現代醫學越來越發現人身體
的疾病絕大多數是起自心理的因素。「新時代」更
有些人主張身體的自然狀態應是健康的，而疾病來
自心理不適，因此只要自己能改變，或在他人幫助
下改變心理狀態，就可恢復健康。

（6）環境保護：為了人類的存續問題，為了給我們及後
代一個更美好的生活空間，人們開始覺醒不能只盲
目地「開發」或短視地濫用天然資源。基於「愛生
命」，便得負起自然界的協調者、保育者的角色。

（7）無條件的愛：「一切萬有」的本質就是無條件的愛，
是在所有上面所說的那些概念之後的一個共通性。
中國人說的天（乾）是陽性創造原則，地（坤）是
陰性的滋育原則。西方宗教的「神」代表陽性的「意
志」，即創造原則，而「聖靈」代表陰性的「愛」，
即滋育原則。萬物都生自這陰陽的交感。

而一的法則（The Law of One）是西元 1981 年起一位美
國人出乎意料地跟一位稱為 RA 的意識體接觸而進入深沉的出

神狀態，RA 是金星的意識調和成一個「社會記憶複合體」而想提供其服務給進展較少文明的地球。RA 提出宇宙有八個密度，目前人類在第三密度轉第四密度的轉換關鍵期，可選擇提升、維持、或衰落。強調生命的意義並不在政治、地位、金錢，而在學習。一的法則是寫明「一切即一」，也就是所有萬物與生命都來自一處，只是在各有的八密度變化，互相體驗學習，學習愛人如己，造福萬物。

RA 說所有生命都要經過八個密度的進化。

下面是 RA 講的八個密度：

1. 第一密度：四種基本元素是：地、水、火、風。地就是固化的物質。火和風作用在固體物質和水之上，推進發展到意識和第二密度。

2. 第二密度：動物和植物的出現。這個發展階段在地球上持續 46 億年。

3. 第三密度：就是人類現在的階段。這是自我覺知和自我意識的密度。兩個基本能力是理性思維和直覺思維，利用此，可以領悟到我們是彼此的一部分，這引導出愛的經驗。

第三密度的週期是 7.5 萬年，地球正處於第三密度的尾

聲，根據《一的法則》，地球在大約 2012 年冬至，面臨第三密度和第四密度的選擇。地球人類可以選擇繼續維持第三密度，也可以選擇提升為第四密度。

如果選擇後者，我們將成為第四密度人類。上兩次發生在 2.5 萬年前的亞特蘭提斯，以及 5 萬年前的雷姆利亞，地球人類都沒有進入第四密度而毀滅。

4. 第四密度：覺察他體是自己的一部分。這是一個發展同情心的計劃。我們在第三密度達到了可以理解悲傷的能力時，個體之間的區別仍然是明顯的。通過羣體的輿論，融洽開始產生。因為人們可以知道別人的想法。第四密度時的發展，身 / 心 / 靈複合體的羣體可以形成「社會記憶複合體」。這是每個個體的所有經驗可以提供給整體。

5. 第五密度：有智慧和即時的顯現。在第四密度學到的功課是智慧。第五密度的實體可以隨意消失一顯現，出現另一個顯現，已經沒有實體存在。

6. 第六密度：有和光一樣的自我經驗。RA 就是在第六密度。這個經驗週期是 250 萬年。

7. 第七密度：達到頂點。第七密度是一個完全的存在。「自我關照的創造者再一次緊縮為元一，這樣準備進入第

八密度。」

8. 第八密度：回歸無限。按 RA 的說法，這裡已不能用文字表達，可以從音樂上去理解，第八密度就是下一個八密度的第一密度。

（二）閱讀瀕死經驗

在此提出兩位極有名的人物，都能秉持科學精神講述瀕死經驗，不得不讓人省思死後世界與宇宙及生命本質。也分享 18 世紀與牛頓齊名的瑞典科學家史威登堡轉攻靈魂學的發現。

A. 美國穆迪博士

美國醫學博士穆迪定義瀕死體驗是指一個人的生命處於重病或突發事故而瀕臨死亡邊緣，歷經九死一生又恢復意識後所訴說的不可思議體驗。原本不相信人死後仍有意識的穆迪，在就讀哲學研究所時，首次聽到著名的精神科醫生裡奇訴說自己不尋常的瀕死體驗，稱在曾死亡約九分鐘，他看到軍醫為自己急救、遇到光體、經歷如電影般快速放映的自己的人生回顧畫面，也感到無比的自在，而後來被搶救下又甦醒。

穆迪發現跟裡奇醫生相似的案例也不少而開始積極在學生和親友間蒐集案例，並發現不論體驗者瀕臨死亡的原因及

症狀如何，也不論社會地位、學歷、宗教、性別，大家的體驗竟有著共同性。他共收集研究一百五十個案例，歸納出死亡經驗的十五個共同元素：靈魂出體、經過漆黑的隧道、遇見已故的親人或嚮導、快速回顧整個人生過程、有耀眼的光芒在隧道盡頭召喚等。[9]

美國一名為亞歷山大的神經科醫師在瀕死中看到一位已往生因自幼被領養從未謀面的親妹妹，而寫「天堂的證據」一書。

圖 9-1　穆迪及其著作　　　圖 9-2　木內鶴彥及其著作

B. 日本天文學家木內鶴彥

更是發人省思的是日本天文學家木內鶴彥的分享，因為他三次靈魂出體都被他運用來親身實驗靈魂的時空現象而到了自已與地球的過去與未來。

9　Moody, R. A.（2020），《死後的世界》（Life After Life），林宏濤翻譯，臺北：商周出版。

在 1990 年就發現兩顆慧星並以他的名字來命名，對天文界貢獻卓著。他曾三次瀕死經驗，第一次的瀕死經驗發生在22 歲，當時患了罕見疾病。在剛失去意識時，他經歷了我們一般常聽見的瀕死描述：在黑暗隧道中，朝亮光處爬去，爬出後遇到一條河，划船過河，遇見親人，沿途看到金色光、花海。他發現他的靈魂是存在的，且也可以在意識指引下而去過去與未來。瀕死時他看到醫護人員在搶救自己，家人在討論喪事，而自己的意識「趁機」回到六歲時的自己，想弄明白一件事，當時在崖坡上的自己明明有聽到有人喊「危險」，才及時推開姊姊躲過掉落的石頭，到底是誰出聲示警？回到該時空下，他發現確實是未來的自己高喊危險而救下姊姊。

木內鶴彥發生瀕死經驗的過程及意識所經歷現象，瀕死時意識還明顯感受到一股龐大的意識接近，他也懷疑，是不是人死後靈魂意識都會被吸納入那巨大意識體中。瀕死經驗和宇宙學，一個是科學無法證實的超自然現象，一個是最尖端的科學議題，木內引用宇宙暴脹大霹靂到集體潛意識等辯證，在靈性追求與科學探索之間，搭起了一座橋樑，為我們指引出一個能夠化解對立相互融合的方向。

第二、三次瀕死經驗時，木內引導自己去觀察宇宙生成，他看到 137 億年前宇宙是一片虛無，但之後看到一個巨大意識體，且看到一陣擾動後宇宙爆炸，隨後生成各星雲。他也

看到地球曾經的三次文明毀滅、甚至看到自己的兩個模糊並存的未來各是自己帶著兒童觀星與全球毀滅如煉獄。木內認為這應是人類的兩個可能的未來,但需要人類一起努力。[10][11]他積極倡導成立生產農產能自給自足的新形態村莊,以避免部分人自我意識膨脹而有專斷歧視及災害發生而造成的斷糧危機。

美國一名為亞歷山大的神經科醫師在瀕死中看到一位已往生因自幼被領養從未謀面的親妹妹,而寫《天堂的證據》一書。

C. 18 世紀瑞典史威登堡

史威登堡是歐洲著名的科學家、數學家、發明家、天文家、博物家、與哲學家。五十九歲時在英國餐廳與旅店有一位發光的老者,稱要給一個神聖的使命,讓其到靈界,並將所見記載,轉達給世人。之後就離魂出體數百次完成巨著《天堂與地獄》[12]。

他說人死後除了離開世間的肉體外,仍保有生前的感官、記憶、思考和情感。史威登堡可用意念主宰自己的「靈魂」

---

10 木內鶴彥(2017),《瀕死經驗的啟示》,李瓊祺翻譯,臺北:一中心。

11 謝一米(2019)意識不在肉體中 - 木內鶴彥之瀕死經驗的啟示。 https://vocus.cc/article/5def44e0fd897800010ab07e。

12 史威登堡(1758),《天堂與地獄》,2018 年中文翻譯本,臺北:笛藤。

離開身體,自由通行在另外空間。此時他才發現,人所認為的「死亡」不過是離開了人的肉體皮囊而已,主元神並沒有死亡。而人在世間做的好事壞事都會是決定自己靈魂在另外空間的去處,這正是善惡有報。

史威登堡提出幾個重要觀察如下:天堂與地獄萬物皆出自於人;人死後的本質取決於生前的作為;造物主不會將任何靈逐入地獄,而是靈將自己帶進了地獄;所有地獄之靈因自私自利,沉迷於惡和所鑄成的錯誤中。

《天堂與地獄》出版後在瑞典被禁,正是因為舉出數位往生的知名善舉教會及政界人士卻因行事內外不一而在地獄,造成難堪而被禁。

(三)探索前世今生

在此提出兩位很有名且都意外發現前世的催眠治療師。讀者也可先影音搜尋。

1. 布萊恩・魏斯

魏斯是美國的一位精神科醫師與醫學博士,意外對一名拒絕吃藥的恐懼症女患者實施催眠治療而發現該女患者不同的不舒服或驚懼的前世經驗而造成此生的困擾。魏斯與病患都學到了絕無僅有的生死課程,生活也都從此改觀。魏斯之後決定頂著被批評為不科學的壓力,將其治療過程寫成《前

世今生》、《生命輪迴的啟示》等幾本書。

　　魏斯發現對心理疾病的困擾確實可能來自前世的不好經
驗，如溺水、被殺、或自殺等。前世回溯是靈魂之旅的起點，
過程中看到自己跨世的因緣與心理需求，而可重新理解並帶
入此世的意識。也把平靜、祝福、智慧、超脫帶到塵世的生
活裡。患者有前世經驗後會開始對靈學及哲學產生濃厚的興
趣，且各種人際關係也都改善，靈性也跟著成長。之後生活
各方面不僅改善，內心也產生無畏的力量。魏斯說病患在有
前世的超越經驗 會引領他們走向更完美的內在與外在生活，
心中更平靜，更愛好和平，而且心思更為集中 更不易受到外
界環境的影響。[13]

2. 麥可・紐頓（Micheal Newton）

　　紐頓是美國的一位諮商師與諮商博士，意外對一名長期
無法治癒的心臟刺痛男患者實施催眠治療而發現該男患者在
第一次大戰歐洲戰場被刺刀插入胸部死亡的前世經驗而造成
此生的困擾。前世催眠中病患稱有一位發光的靈體（紐頓稱
之為指導靈）想溝通，紐頓進而得知靈魂世界的架構靈魂及
靈魂的靈性目的。簡述如下。

13　Weiss, B.（布萊恩・魏斯），（1994），《生命輪迴的啟示》，臺北：張老師。
　　尚有《前世今生》一書。

圖 9-3　魏斯及其著作　　　　圖 9-4　紐頓及其著作

（1）靈魂分成初中高三個等級

所有的靈魂都來自一個巨大靈體（木內鶴彥也稱有巨大意識體），從其身上剝落而成為一個靈魂，為的是附在肉體，來體驗學習宇宙的所有知識、技能，與更重要的道德。靈魂將根據自願在宇宙各處學習，最後再回歸該體，未達高級者修整後再投胎或已經達高級者則永不投胎。

剛開始的靈魂都是初級的，是白色的能量體，隨著等級越高，顏色也不同。中級是黃色的，而高級（第五級）則是藍色的，而第六級（大師級）則是藍紫色。紐頓推測，目前地球有四分之三的靈魂都屬於初級，而第五級的高級靈魂不過數十萬人，多是從事助人或文化事業，經濟物質生活上較為簡樸的，而第六級的大師級靈魂，其推測，已經不再下來投胎了。

其中有趣的是各級靈魂都是要進校園與組織學習團隊（通常會找到前幾世就熟悉的親友靈體一起討論後決定學習

尚未體驗的課題）並向指導靈（也可能加入好幾位長老組成的長老委員會，各有不同專長）報告心得與交換意見，何時及到哪投胎也會詢問但都由自己決定。如四等靈魂為了要理解物理須練習整合原子與分子來塑造各類石頭與岩石，而為學習生物也須練習操控 DNA 來生成各類動植物，當然社會與人文學科則大都會是藉由投胎來體驗學習。[14]

（2）靈魂的靈性目的

紐頓做了約七百多人的前世催眠，確認每位人類靈魂的目的就是學習，而是否投胎與是否學習就是完全由靈魂對是否提升的自我決定與體悟。投胎來地球就像離家旅行至國外留學。我們真正的家絕對是和平、完全的包容與完整的愛。靈魂一旦離開家鄉，便無法期望這些美麗的特色將留在身旁。我們在地球上必須學習應付偏執、憤怒和悲傷，同時尋求喜悅與愛。我們不能在這條路上失去正直，不能為了生存犧牲美德，也不能養成優越或自卑的態度。

紐頓稱我們都住在一個不完美的世界，這有助於領會完美的真正意義。開始另一個人生旅程之前，我們祈求的是勇氣與謙遜。隨著意識的成長，我們存在的品質也會提升。這就是我們被測試的方式。我們的命運便是通過考驗來體

14　Newton, M.（麥可・紐頓）（2012），《靈魂的旅程》，臺北：十方。《靈魂的命運》，臺北：十方。

驗人生。

（四）靜坐與正念

　　靜坐是東方獨有的身心修練方法，這是要實踐「靜心以取得智慧」的方法。可對照的有佛家的「戒定慧」三無漏學，是藉著「持戒、修定、養慧」以達到解脫三界生死了結煩惱的修行之道，可對應八正道的正語、正業、正命為戒學，正精進、正念、正定為定學，正見、正思維為慧學。這裡舉出我國的太乙精華宗旨與印度的正念冥想及昆達里尼瑜珈。有興趣者都可去影音平臺搜尋後隨緣鑽研學習並體悟。

1. 呂洞賓的太乙精華宗旨

　　太乙精華宗旨是一本道教修練氣的指導書，因清末被傳教士衛禮賢翻譯傳到德國（英文書名中譯為《金花的秘密》，有中譯本）並集體修練推廣而由瑞士精神科醫師榮格修練後大為讚嘆而名揚世界。該書認為人內在有「元神」和「識神」二無形之物，元神是太虛幻境的一部分一般人較難感悟其存在和功能，接近靈魂一詞。而識神就是肉體感覺和肉體所帶動的七情六慾，多數人一生中困於識神的境界並為了使識神滿足而奔忙，接近感官意識一詞。

　　主張人生最重要之事在於深層感悟並開發元神的功能，而透過「觀鼻存想、意守天心」的觀呼吸、觀思緒使內心修得平靜（書中稱此為回光法，接近佛教的止觀），並觀得一

朵發光的曼陀羅花，而達到驅除一切識神感受，整個人成為元神所佔據的純陽之體，也可藉此並突破時間與肉體限制而得徹悟。

2.印度的正念冥想

正念（mindfulness）是源於佛教禪修中的一種有意識且對當前狀態進行非評判之注意的方法，是目前西方心理治療中引用東方禪修的最流行方法，推動者喬‧卡巴金（Jon Kabat Zinn）是麻省大學醫學院榮譽教授與正念減壓課程MBSR（Mindfulness Based Stress Reduction）的始創人，曾跟著越南著名的一行禪師（Thich Nhat Hanh）學禪近半世紀。

卡巴金對正念的操作型定義是「有意識且不帶評判地，保持當下留心的覺察」（Kabat-Zinn, 1994），要達到這樣的正念狀態需要練習，如同運動一般，這些正念的鍛鍊則通稱「正念冥想」（Mindfulness Meditation），包括呼吸觀察、葡萄乾五覺練習、身體掃描、靜坐……等。至今已有無數研究證實正念冥想可以改善焦慮、憂鬱、生活品質等。[15]

正念冥想其實是運用佛教修行法中的止觀中的部分元素，而止觀的止是指心繫一處而停止種種思緒，而觀是指將

15　喬‧卡巴金 Jon Kabat-Zinn（2013），《正念減壓初學者手冊》，臺北：張老師。

心思貫注於一個對象上，從而生起以正確的智慧來觀察對象。

3.印度的昆達里尼瑜珈

昆達里尼瑜伽又稱拙火瑜珈，原只在印度宮廷傳授，一直到 1969 年起才由尤吉巴贊大師在美國傳授而揭開其神秘的面紗，身心改善的效果比其他瑜珈更上一層。其獨特之處在於結合聲波震動的梵咒唱頌、呼吸技巧、瑜伽體位淨化法、手印與身印、無數種類的靜心冥想。可強化神經系統、平衡腺體系統，同時駕馭身體、心智與情感的能量。目前也有研究證實期能有效改善壓力因應。

五、為了什麼我們要提升靈性及怎樣讓宗教或靈性助人助己

為了什麼我們要提升靈性？這是一個很好的問題。也請每位讀者都先合起本書想一想。

筆者認為是為了改善人性的墮落而最後可能的禍及全人類，小自人心的自私與人際間的霸凌、大到社會的歧視、暴力與國際的戰爭。

當然人們也可以是為了「代代幸福，永遠和平」、「代代幸福，子孫和樂」或「享受孤獨」、「體會人生」等等，這都會是讓我們都要面對靈性提升的問題。

至於怎樣讓宗教或靈性助人助己，從本章一開始就提到宗教與靈性的不同。21 世紀下的人類若想提升靈性，則應該先理解自己是否需要透過宗教來提升靈性，也開始理解人類不一定須要透過宗教也能提升靈性。

但如果提升靈性如前所述是為了學習與體驗愛，那我們都應該有篩選宗教與靈性修法的標準。

1. 若想藉宗教來提升靈性則應選擇接納多元價值且助人為善的宗教或教義

宗教應該教人為善，因此對未能接受多元價值觀而寬容的宗教應該要慎選留意，畢竟將可能造成歧視、霸凌、甚至暴力而不自知。這是人類要提升過程中對宗教須審慎的重要標準。

2. 若不想依賴宗教來提升靈性則應選擇適合的靈性修習法提升靈性

靈性修習法常常是藉由靜坐、冥想、或身體伸展來達到身心修練，應要注意的是是否是安全且有長久正面名聲的修練法，也須找到正面的導師以便指導身心的修練才是。

因佛教認為個人的業障與人類共業都來自「身口意」三者所造作而來，就是不論是否有信宗教者都可透過「身口意」來修行改善。沒宗教信仰者，台灣的星雲法師提出簡單作法

也可做好「三好運動」——「做好事、說好話、存好心」。讓自己能身行善事，口出善言，心存善念。有宗教信仰者各可靜坐、唸神佛名號或誦咒語、觀想神佛，如此則可將宗教修行修到更好的境界。

六、從事農作可培養體察天地

　　一位俄羅斯的商人弗拉狄米爾·米格烈（Vladimir Megre）在 1993 年組成一商隊租船往西伯利亞商務考察，河流靠岸中遇到一位獨居森林且住在山洞的奇女子，在該女子鼓勵下寫成一套書，就是有名的《鳴響雪松》十本書[16]。

　　該女子就是阿納絲塔夏（簡稱阿夏），他們家的女性都是祖傳的部落祭師。他們三天的相處中，阿夏告知會跟他有緣見面是因為她看到有顆米格烈種的櫻桃樹想回報種植與救亡的心意而許下心願，她看到這個心願在該男子身旁。米格烈互動下發現阿夏也能悉知文明世界的古今，且提出精闢獨到的見解，並因發現人類的科技讓人類走入歧途而想辦法讓人們能恢復幸福快樂的日子。於是鼓勵米格烈寫書，這套書包含所有人類一生中最重要的話題！人與自然、教育、農耕、潛能發展、兩性、家庭、療癒、身心靈、飲食、超自然能力、

16　弗拉狄米爾·米格烈（2014），《鳴響雪松》系列，翻譯者：王文瑜，李裕泰，臺北：拾光雪松。

生態家園、祖宗智慧、宇宙與人類歷史、人類未來。

其中的生態家園或祖傳家園，很似前述瀕死經驗的天文學家木內鶴彥在書中倡導的未來應成立以生產農產能自給自足的新形態農莊，如一個村或一棟大樓，以讓所有人都能有分工農務的必要角色也能避免自然或人為災害下造成的斷糧危機。值得大家一起思索力行。

以下摘要重點。

1. 人類的物質社會、秩序都是由人類自己的意識所創造，苦難與不自由都是因為切斷了和自己原本力量、智慧的連接所造成的。阿納絲塔夏說，現代人類以為用技術治理，就可以解決或改善人們的生活問題，但事實上卻是帶來更多問題。資源的不公平分配與競爭讓人們相信自己本身是匱乏的；階級問題，讓人們不瞭解自己的存在價值；扭曲的教育與宗教問題切斷了人們原本力量、智慧的連結；沒有生命的人造物質切斷了人們和萬物的能量連結，阻止人們瞭解萬物原本合一的根本真理。《鳴響雪松4：共同的創造》

2. 我們每個人應該各取得一小塊土地，全心全意地創造真實的天堂樂園，面積再小也沒關係。我們一起來把自己在大地球的小土地變成盛開的花園，追隨神的楷

模實現自己的精神吧。如果數百萬人在個個國家都這樣做的話，全地球就會變成盛開的花園，屆時不會再有戰爭，因為數百萬人都會沉浸在偉大的共同創造之中。《鳴響雪松8：新的文明》

3. 人在種下果菜種子前，先含在嘴裡至少9分鐘，讓自己的唾液喚醒他們的 DNA，再握在手中至少30秒，祝福他們、感恩他們在未來的努力，然後放開手，讓這些種子面對天空、星辰至少30秒，就可以讓這些種子感受到天地的偉大能量與無限的祝福。之後再種到土裡，先不要澆水，三天後才開始利用自己不含化學物質的洗頭水、洗臉水、洗腳水、洗澡水來澆果菜。這樣他們就能得到關於種植者健康情況的完整訊息，以後就會長成有利身、心、靈的糧食、水果。其中，如果長出雜草，不要全部清除，每種至少留一棵，因為雜草具有和這些植物互補的功能。

首先。我祝福所有的讀者新年快樂。

《鳴響雪松》作者‐弗拉狄米爾‧米格烈2015新年祝福

圖 9-5　《鳴響雪松》作者弗拉狄米爾。QR-code 為該書之簡介，
　　　　資料來源：youtube，搜尋鳴響雪松。

七、代結論：

　　宗教信仰者越來越少的現代下，怎樣提升人類的靈性確實是重要課題。筆者從新時代思潮、瑞典科學家史威登堡的靈界探訪記實錄、美國醫學博士穆迪瀕死經驗研究、日本天文學家木內鶴彥三次瀕死經驗、在到兩位科學訓練的前世催眠醫師與諮商師都指出人類生存的目的在於提升的靈性。而東方的靜坐與瑜珈都在以練習來提升靈性、西伯利亞阿納絲塔夏鼓吹生態家園或從事農作可培養體察天地，也都是提升靈性可行作法。鼓勵世人都來努力練習提升靈性，讓自己與親友更接近平和與和平之心，才能更接近大同和平之世。

第 10 章

百年能樹人，教育怎和平：
怎樣做到教育和平、永無霸凌

一、和平教育是什麼？

　　兩次世界大戰以後，歐美對於戰爭的殘暴與恐怖生起警戒，因而在兩百餘所大學開設相關的課程。聯合國教育科學暨文化組織（UNESCO）自 1974 年開始便持續推動「邁向和平文化計畫」、「國際和平文化年」、「世界兒童和平文化與非暴力的國際十年」等計畫或活動，強調必須透過教育促進和平文化，將和平的理念落實於學校的課程與教學中。UNESCO 強調和平教育在學校課程可分為知識、技能與態度三層面，且此三者為互動、多元之關係。

　　那和平教育是什麼？

和平教育是旨在教導人們與自己以及他人、自然環境能和諧相處。和平教育者認為唯有讓和平的價值觀在學習的過程中內化，特別是由孩童與青年人著手，讓他們體會到和平是好的東西，相信採取和平的手段更是一種積極而勇敢的選擇，進而有態度上的變化，最後才能產生行動上的改變（Brock-Utne, 1996: 42）[1]。

聯合國有多聲明闡述了和平教育的重要性。聯合國前秘書長潘基文將2013年國際和平日的主題定為「教育促進和平」（Education for Peace），以呼籲各國將教育訂為政府的第一要務，並於教育中教授解決與預防衝突的技能等。越來越多和平的研究者強調接受和平教育是人們的權利。和平教育能和人權教育互相搭配，使人類的能真正做到和平與尊重人權。[2]

二、和平教育的內容有哪些？

和平課程的設計，從托兒所到成人教育都有。和平教育的具體內容如下：幫人們瞭解衝突、暴力、社會公義、以及和平的意義；分析社會結構、政治權力、以及經濟制度的本質；

1　Brock-Utne, B.（1996）. The Challenges for Peace Educators at the End of a Millennium. International Journal of Peace Studies, 1（1）, 37-55. 取自施正鋒（2003），〈和平研究與和平教育〉，《教育研究月刊》，114期，132-142頁。

2　取自維基百科之和平教育。

探尋日常生活中的和平之道；發揮想像力來思考可行的和平
模式；也含如何組織行動的方式。2000 年來，和平教育的重
點在於如何塑造和平文化（Burke, 2000；施正鋒，2003）。

　　分析當前國外在學校教育階段所普遍推動的和平教育，
許多方案都領向以人為中心的和平概念架構，強調「人與自
己」、「人與他者」、及「人與自然」三個向度的整體和平。
使在倫理，心智，情感和行動層面，同時發展學生與自己，
與他人及與自然間的健全、平衡、安全、和諧的關係，才有
可能建構所謂的「和平文化」[3]。Brenes-Castro（2004）[4] 中的
圖 10-1 所示的「和平教育整全模式」清楚能呈現人與自己，
人與他者，人與自然形塑和平所涉入的內在構成要素，及
在倫理、心智、情感和行動層面發展和平所導出的外顯努
力原則。

---

[3]　甄曉蘭（2013）推動和平教育的意義。在甄曉蘭編《和平教育：理念與實踐》，
　　新北：國家教育研究院。

[4]　Brenes-Castro, A.（2004）. An integral model of peace education. In A.L. Wenden
　　（Ed.）, Educating for a Culture of Social and Ecological Peace.（pp.77-98）
　　Albany, NY: International Bureau of Education.

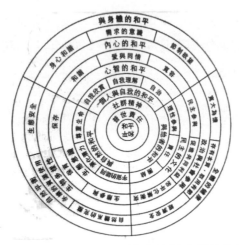

圖 10-1　和平教育整全模式的基礎價值與特質

三、國外怎樣教和平教育

在澳洲一位華裔母親寫下其小孩在澳洲小學每週有一堂同儕調解的課程，介紹調解為何、調解的原則。六年級學生上完後會輪流擔任校內一天的校園糾紛調解員，並穿上寫有同儕調解員的背心。調解程序為第一步：介紹三方、程序、及目的；第二步：讓衝突的雙方謹述各自的立場及事情經過；第三步：大家腦力激盪尋求解方案；第四步：選擇解決方案；第五步：達成協議；第六步：完成調解。[5]

5　Jacaranda（2011/06/08），澳洲小學教育：如何當衝突霸凌調解人？ http://blog.udn.com/achou/5284407。

　　另一位擔任美國華盛頓特區某公立國小的和平教育老師稱雖然已經設計很好的和平教育，也很有心得但有時在學生氣憤下仍是會出手打架。經問為何都忘記上課教的和平作法，學生都說「很氣他，想揍他！」、「我完全忘了你教的一切——我只想打架。」經過省思後認為正念應該可培養出來生氣時如何因應當下的技巧，也可以幫助學生心平氣和解決衝突。其引述丹尼爾・西格爾（Danial Seigel）博士的「大腦的手部模型（hand model of the brain）」理論認為在幼兒園開始就要教學生杏仁核（大腦左右側葉內的兩顆主管情緒的部位）的作用：它的任務是保護我們的安全，當我們生氣或心煩時，杏仁核就接管了大腦，而會打亂了原本冷靜時會有的思考和記憶的平衡狀態。這就是我們生氣時，此時經常做一些讓自己後來後悔的事情。讓學生開始練習正念呼吸法（靜坐且靜下心數息從十到一，一直數，且告訴自己「什麼想法來都不管，讓它來，也讓它走」）能幫助我們不讓杏仁核作用而回到平靜，這樣思考和記憶就能再次接管大腦。[6]

　　前面第七章中瑞士怎樣培養公民意識呢，小學的教室裡老師會上課後問同學問題但會不斷強調一項原則「同一時間，只能有一個人說話」這使瑞士人熟知須尊重每個人都有表達

6　米智慧觀（2018-11-04），流行歐美的和平教育都在教什麼？如何讓孩子冷靜下來，解決問題？ https://kknews.cc/education/5zeqv6l.htmlhttps://kknews.cc/zh-tw/education/5zeqv6l.html。

意見的權利，瑞士政治學者 Linder 認為瑞士能從貧窮走向富裕安定，成熟的公民意識，扮演了重要角色。而公民意識就是每一位成員明確了解自己既是獨立不可侵犯的自由個體，也是整體中不可或缺的一部分；有權利享受自由的生活，也有責任為維護或改善整體現狀，做出貢獻。也就是培養公民有我為人人，人人為我的精神。

　　以上實例告知我們和平教育真的是跨學科，不只是教育學、還包含心理學、管理學與甚至政治學。

圖 10-2　西格爾以手掌之拇指為杏仁核，稱任何事情在反應時應不受杏仁核影響，而讓大腦前葉可理性地作用。

圖 10-3　當四手指舉直表大腦前葉被內凹的拇指（即杏仁核）阻擋而易發怒，但當四手指彎下壓住當作杏仁核之拇指，則理性就可順利作用。

四、和平教育的課程設計

臺灣師範大學李琪明教授稱未來學校的和平教育應發展之四面向。[7]

1. 目標面向上：

可分消極與積極兩層面。消極上，要避免暴力產生，包括個人、家庭、學校、社會、國家、國際等；積極上，在於追求多元和諧，是動態之和平，而非表面之虛應。

2. 內容面向上：

對 UNESCO 在課程內容概念所做深層之瞭解，設計全套符合和平理念與教師使用之課程內容，切忌流於單面向之發展，應兼顧認知、情意與技能等多層次。

3. 方法面相上：

運用多元、生動且深入之課程方案與 教學方法，推出系列性課程方案，使教師能將和平教育融入於正式課程、彈性課程活動，或經由融入教師平常之班級經營與師生互動中，並提供教師足夠之教學資源與師資之訓練。

7　古芳宜、周文菁（2003），〈和平教育初探：專訪台師大李琪明教授〉，《教育研究月刊》，5-12 頁。

4.評鑑面相上：

除注重總結性評鑑，尤須兼重形成性之評量，應不斷在推廣之歷程思考方案是否已含括所有面向；正式、非正式、潛在課程之教學內容是否有矛盾處，學校之氣氛是否產生和平文化。

教育心理學上，知、情、意、行是構成思想與行為的四個基本要素，其中，知指認知某事，情指情感支持，意指意志支持，而行指行動支持。「知、情、意」是人類心理活動的三種基本形式，而「行」則是結果，其可用來檢驗「知、情、意」的投入程度。筆者將以上和平教育整全模式架構到知情意行的和平心理與人我關係，整理如下。

筆者認為和平教育對於個人可以分三個層次，即以下。

1.「與自己和平」：

指能自我調適。在認知上認同和平重要且能有自信、情感上認同和平、意志支持和平、行為做到和平。

2.「與他人和平」：

指能與人和諧相處也能尊重多元差異。在認知上認同與人和諧相處重要、情感上認同與人和諧、意志支持與人和諧相處、行為做到與人和諧相處。

3.「與環境和平」：

指能與環境和諧相處。在認知上認同環境保護重要、情感上認同環境保護、意志支持環境保護、行為做到環境保護。

表 10-1　筆者提出和平教育對於個人可以分三個層次

	知	情	意	行
	認知	情感	意志	行為
1. 與自己和平（即自我調適）	自信、自治。	平和、同情、寬容。	身心和諧、節制慾望、學好正念、情緒管理。	身心保健、保持心平氣和、提升自信、正念靜坐、改善創傷。
自我檢視的問題	■幾成認為自我調適重要。■自信幾成？■最不舒服的事幾成不舒服？	■一幾成情感上認同自我調適。■一幾成能接納自己？	■幾成意志支持平和。■煩亂時可把握自己幾成？	■幾成做到自我調適。■對眼說自信。■幾成自信。不動氣。■練習情緒釋放法後變幾成。不舒服？
2. 與他人和平（即和諧相處）	信任、團結、責任、理性、互重。	和諧、民主、互利、和平化解衝突。	感同身受、寬大為懷。	學好善意溝通、做到兼愛互利。

自我檢視的問題	■認知上認同與人和諧相處重要。 ■認知上認同各種族應和平與互相尊重。 ■幾成信任家人？	■幾成情感上認同與人和諧。 ■幾成情感上支持各種族應和平與互相尊重。	■幾成意志支持與人和諧相處。 ■幾成意志上支持各種族應和平與互相尊重。	■幾成行為做到與人和諧相處。 ■幾成行為上支持各種族應互重且不歧視。 ■幾成能做好衝突溝通。
3. 與環境和平	尊重生命、保護環境。	保育生態。	欣賞自然景色、將天地比擬為父母。	維持自然平衡。
自我檢視的問題	■認知上幾成認同環境保護重要。	■情感上幾成認同環境保護。	■意志上幾成支持環境保護。	■行為上幾成做到環境保護。

表 10-2　筆者建議的各階段學校與家庭的課程設計的討論議題

	小學	中學	大學
與自己和平－自我調適	■被師長罵怎麼辦。 ■我的優點有哪些。 ■我的自信在哪裡。	■兩人一組互找優點。 ■我的自信有幾成。 ■我的六需求誰可幫。 ■自問善意溝通六問句。	■搜尋勵志或自我認同電影。 ■自信誰能給。
與他人和平－互重互愛	■很氣別人怎麼辦。 ■很想看不起人怎麼辦。 ■被霸凌怎麼辦 ■有人被霸凌怎麼辦。	■意見不同怎麼辦。 ■種族歧視怎消除。 ■仁愛與兼愛哪個對。 ■與人互動的六需求誰可幫。	■搜尋倡議和平電影如盧安達飯店、美麗人生。 ■搜尋倡議人際關係電影。 ■人我互動的六需求誰可幫。
與環境和平－環境保護	■怎樣愛地球。 ■怎樣保護環境。 ■看到有人不保護環境，怎麼辦。	■怎樣倡導親友一起做環保。 ■看到有人不保護環境，怎麼辦。	■搜尋環境保護電影。 ■地球生病怎麼幫。

五、台灣與華人未來推動和平教育工作的願景

淡江大學陳建甫教授在〈美國和平教育歷程、教學課程與活動設計的啟示〉[8] 一文文末提出三點結論期待台灣未來和平教育的願景。

1. 應整合既有大專院校和平相關課程，培育一批具備和平理想且具行動實踐的優秀青年，讓此和平種子深入到各行各業，成為未來台灣推動和平願景社會的主要動力。

2. 其次，和平教育課程與活動應該深化在中小學教育課程中，讓台灣年輕世代能夠學習尊敬差異與包容多元，並擁有對全球社會的關懷與視野、以及具備反抗強權與追求社會公義的信念與行動能力。

3. 最後，推動和平理念轉化成為社會教育的一部份，並動員宗教與民間社運社團力量，來建構和平願景社會所需的和平資本，讓和平理念能夠落實成為社會的主流價值。

---

8 陳建甫（2002），〈台灣推動和平教育課程之行動策略──美國和平教育歷程、教學課程與活動設計的啟示〉，發表於東吳大學張佛泉人權研究中心主辦「人權教育教學研究研討會」，9月14-15日，臺北：東吳大學外雙溪校區。

筆者也認為這也該是華人全體的願景。

筆者認為以上陳教授的建議，也同樣適合所有華人與全人類。並倡議從每位家長與老師開始，在家中就可讓和平教育的課程開始，從對上述表格題目的自問自答與搜尋電影到收集資料，自己就可以主導自己的和平教育，也可以邀有興趣或需要的好友一起，讓自己與自家的和平教育課程隨時開始，也可在家中、社區、社群、與社會隨時開始與永久保持平和與和平。

六、和平教育須包含互愛的道德教育，可分三階段

2017 年兒福聯盟調查顯示，7 成 5 成人受訪者曾接觸校園霸凌事件，4 成 1 是旁觀者，3 成 8 是被霸凌者，霸凌類型以關係霸凌居首。心理傷害上，調查也發現，66.7% 受訪者表示成年後仍會回想過去的霸凌事件，75.3% 被霸凌者無法擺脫過去被霸凌的夢魘，9 成 2 被霸凌者認為「霸凌會造成一輩子的傷害」。可知道霸凌會造成終身心理嚴重的影響。

從小我們學到要保護自己、愛自己、到愛家人。但至今仍霸凌與家暴不斷。顯然人類在愛己與愛人碰到瓶頸。學習互愛才是關鍵道德。從小到大可分「學習互愛三階段」。若成長而不足者須自知眾知並鼓勵改善。

1. 七歲前的幼兒園應學到「幼兒自保與小愛期」的愛護自己，以能否自我照顧來檢視，且能開始協助與尊敬親友。

2. 小學階段應學到「大愛準備與練習期」的尊重親友，以能否言行顧及親友來檢視。並準備是否該尊重任何不認識的人。

3. 十三歲起中大學階段應學到「中大學大愛期」，體認愛人不可分親疏，以能否言行顧及所有人來檢視。

筆者設計給中小學升及成人的反霸凌親子學習單、家暴親子學習單、性侵害親子學習單、反職場霸凌學習單，如附件檔請參考。若您有小孩或是家長或老師，也請您能開始試著寫寫看。

中正大學大學責任辦公室、嘉義縣水域遊憩協會、老人教育協會與新住民婦幼關懷協會，在嘉義縣大林鎮中林活動中心旁埤塘合辦「大林大愛獨木舟飛盤活動」；筆者藉由活動倡導人類族群間不分老少本籍新移都要能夠互愛互利才能共存共榮，使台灣與嘉義鄉間有滿滿的社會正能量。過關民眾都可拍照大愛獨木舟與善意溝通飛盤通過證書。大學與公益機構也應設計類似的知性活動來增加民眾的互愛教育與溝通教育，導正長期沒人提醒之自私與自我的心態。

圖 10-4　2021 與 2022 年辦大林大愛獨木舟飛盤活動，過關民眾都可拍照大愛獨木舟與善意溝通飛盤通過證書，鼓勵學好並體會大愛與善意溝通六問句。

七、代結論

怎樣在學校與社區做好和平教育，重點在於如何塑造和平文化。歐美許多和平教育方案都傾向以人為中心的和平概念架構，強調「人與自己」、「人與他者」、及「人與自然」三個向度的整體和平。使在倫理，心智，情感和行動層面，同時發展學生與自己，與他人及與自然間的健全、平衡、安全、和諧的關係，才有可能建構所謂的「和平文化」。

筆者設計出給中小學生及家長的反霸凌親子學習單、家暴親子學習單、性侵害親子學習單，而職場可用反職場霸凌學習單。若您有小孩或是家長或老師，也請您或親友能開始試著寫寫看。一起推廣大愛與善意溝通的教育，使和平教育能遍傳，如此方和平可期永續。

反職場霸凌　學習單　（職場霸凌宣導）　　國立中正大學林明傑教授 編

你好，這學習單分三部分，讀者宣導後交案主帶回再與主管討論填答，再由主管填意見交流欄，撕下交讀者。

壹、知能欄

一、　職場霸凌多嚴重？

　　yes123 求職網 2020 年做職場調查發現，有 67%的員工曾面臨職場霸凌，其中受害者有 51.7%選擇默默忍受；另外加害者最多為同事，占 75%，其次才是主管，占 50%。

二、　霸凌是什麼？哪些行為算霸凌？

　　勞動部將「職場霸凌」定義為在工作場所中發生的，藉由權力濫用與不公平的處罰，所造成持續性的冒犯、威脅、冷落、孤立或侮辱行為，使被霸凌者感到受挫、被威脅、羞辱、被孤立及受傷，進而折損其自信，帶來沉重的身心壓力之行為。

目前《職業安全衛生法》第 6 條第 2 項第 3 款明定：雇主應對執行職務，因他人行為遭受身體或精神不法侵害之預防，應妥為規劃及採取必要措施。通報後應 1 個月完成調查處理。單位沒做到可罰款 15 萬元。

　　一般可分以下五種：

1. 肢體霸凌：如對人推擠、丟物、打踢、毀棄他物等。
2. 心理霸凌：如威脅、抹黑、嘲笑、調動、亂交代等。
3. 關係霸凌：如團體中排擠、散佈謠言私事等。
4. 性霸凌：性騷擾行為外以性或性別之不尊重行為，如稱男人婆、同性戀。性騷擾則須罰款一到十萬罰金。
5. 網路霸凌：在網路或社交平臺對人批評或排擠言語。

三、　為什麼要倡導反職場霸凌？是因要提升人性

　　員工會因被霸凌而出現憂鬱、焦慮以及創傷後壓力症候群（PTSD），造成請假日數增加以及降低工作生產力，同時若管理階層未積極介入阻止霸凌的發生，更會造成員工的組織承諾／忠心下降，甚至因而自殺。可知道霸凌會造成心理嚴重的影響。反霸凌是提升人性良善，而不應停留在有權力者可濫權，人類須都能將心比心、換位思考。

四、　霸凌是怎樣開始的？

　　林明傑以行為四關鍵來解析偏差行為，提出行為是：

1. 悶來的：曾有不舒服的情緒經驗，研究發現，家長嚴厲批判下的子女與無霸凌有高相關。需協助改善創傷。

2. 學來的：研究發現家長父母未同住的破碎家庭子女與有無霸凌有高相關。家庭沒做或沒機會示範好的衝突因應行為會使兒少沒學到尊重行為與調適困難。

3. 想來的：想法支持不尊重的想法與行為且沒自我導正也沒人鼓勵改善偏差想法。

4. 神經營養不足或生理異常來的：美英荷蘭研究發現每日補充維他命 B 群與鈣鎂片能保護神經細胞並使之穩定，降低三分之一到一半的偏差行為。另也發現每日補充魚油也能顯著減少偏差行為。

五、　善意溝通六問句　（兩人一組 請依序對自己與對方來提問以下六問句。之後討論心得後並課堂說出）

1. 跟誰有什麼不舒服？
2. 自己感受是什麼？
3. 自己沒被滿到的需求是什麼？（打勾）生理、安全感、歸屬感、尊重、自由、樂趣。
4. 對方會有什麼感受？
5. 對方沒被顧到的需求是什麼？（打勾）同上。
6. 怎樣圓融雙方的不舒服？

六、　改變心態到大愛：人不可只愛自己或優先偏愛親友。若沒平等愛人則終究會有霸凌與戰亂！

七、　怎樣從互愛學到道德

　　從小我們學到要保護自己、愛自己、到愛家人。但至今仍霸凌與家暴不斷。顯然人類在愛己與愛人碰到瓶頸。學習互愛才是關鍵道德。從小到大可分「學習互愛三階段」。若成長而不足者須自知知眾知並鼓勵改善。

1. 七歲前的幼兒園應學到「幼兒的自保及預備小愛期」的愛護己了，以能否自我照顧生理來檢視，且能協助親友。

2. 小學階段應學到「小學的小愛與預備大愛期」的尊重親友，以能否言行顧及親友來檢視。並準備思辨互愛。

3. 十三歲起中大學階段應學到「中大學的大愛期」，此時愛人不分親疏，以能否言行顧及所有人來檢視。

八、　怎樣預防未來霸凌的發生

（1）不當冷漠旁觀者，應阻止與通報（2）不當加害人：學到尊重自己與任何人（3）不當沉靜的被害人：讓大家都改善

貳、案主討論回答題（是非題）　　　　（上面的線撕下來，將「貳、參」部分由案主交回給讀者）

1. 霸凌的預防須學到互愛的道德提升，所有人都須學到尊重所有人也不可用言行傷害任何人。

2. 善意溝通的第五句話是問到對方沒被滿到的需要是什麼，表示衝突雙方的需求是該被平等看待

參、主管意見交流欄（請打勾）1.您覺得這張有無幫助？〔 〕無〔 〕一半一半〔 〕有　　2.有無建議或須讀者幫忙的地方

　　　　　　　　　　　　　　　　　　　　　　　　簽名＿＿＿＿＿＿　年　月　日 您與案主的關係上是　案主的＿＿＿＿＿＿

預防家庭暴力親子學習單 （中高年級與中學生版）　國立中正大學林明傑教授 編

這份學習單分三部分，老師宣導後交學生帶回再與家長討論填答，再由家長填意見交流欄，撕下交老師。

壹、防暴知能欄

一、 家庭暴力已經立法禁止

民國 87 年起立法院通過「家庭暴力防治法」，明令禁止家中有辱罵或毆打行為。

而對於家中 18 歲以下的兒童少年也在「兒童少年福利與權益保障法」禁止身心虐待。

二、 為什麼要禁止家暴？是因後遺症嚴重

研究都顯示家庭暴力會使被害人及子女嚴重心理陰影，也導致約一半兒子未來會有家暴行為，而女兒易找到有暴力的伴侶遭受家暴，且代代循環下去。在學校也容易有霸凌行為。

三、 家庭暴力的定義

家庭暴力是指對配偶、前配偶、親子、祖孫、四親等（堂或表兄弟姊妹算四親等）及其未成年子女間有身體或精神不法侵害行為，如辱罵或毆打等都算。

四、 家庭暴力若發生，會有何後果？

- 政府鼓勵大家通報，任何人（含鄰居）等均可通報 113 婦幼保護專線電話，或者上網搜尋「關懷一起來」）ecare）。家暴法更規定老師、員警、社工員、醫護人員、村裡長、村裡幹事、大樓管理員等應通報，否則罰款。
- 社會局與警察局均會迅速處理，並詢問被害人有無要聲請保護令。若情況嚴重則政府會主動幫其聲請保護令，由法院審理核發。
- 若有聲請者，法官審查後可核發兩年以下的保護令，並命令禁止再施暴或辱罵，並遠離被害人的住宅、工作地、或子女學校百公尺。並命令參加輔導或戒酒治療。
- 違反保護令，如再打罵、騷擾、不輔導可判刑 3 年以下有期徒刑與/或十萬元以下罰金。

五、 家庭暴力，人神不許

如果家中有信仰，神明不支持家庭暴力。

如果家中沒信仰，祖先也不想代代暴力。

六、 若有憂鬱、藥酒癮、失眠的情況

輔導老師與醫院的身心科是可幫助家暴者或酗酒者改善，約一兩個月就可改善，請別放棄。

國民營養調查發現國人普遍缺乏維他命 B 群與鈣鎂。一般人應每早補充一顆維他命 B 群，而晚餐補充一顆鈣鎂片。可去連鎖超市（如全聯/好事多）買到每罐約三百元。喝酒者或脾氣暴躁者每早一顆 B 群保護肝臟、晚餐與睡前各一顆鈣鎂片保護心臟與改善睡眠及脾氣。也須找到合宜的下班休閒（如跑步體操）與週末休閒（如去爬山海邊）來釋放壓力。

七、學會溝通有管道、學好代代都幸福

這裡介紹兩個簡易溝通的教學，第一是善意溝通六問句，記下可問這六句來自問、輔導、調解。六句就是以下。

（先一起念一遍）可以影音搜尋「善意溝通六問句」）

1.「跟誰有什麼不舒服？」　　回答：＿＿＿＿＿＿＿＿

2.「自己的感受是什麼？」　　回答：＿＿＿＿＿＿＿＿

3.「自己沒被顧到的需要是什麼？（生理/安全感/歸屬感/尊重/自由/樂趣）」　　回答：＿＿＿＿＿＿＿＿

4.「對方的感受是什麼？」　　回答：＿＿＿＿＿＿＿＿

5.「對方沒被顧到的需要是什麼？）生理/安全感/歸屬感/尊重/自由/樂趣）」　　回答：＿＿＿＿＿＿＿＿

6.「怎樣圓融雙方的不舒服？」　　回答：＿＿＿＿＿＿＿

第二是到影音網站搜尋「中正大學婚姻溝通」看到婚姻溝通，從互知價值觀、喜歡點心到情緒溝通、衝突溝通、休閒溝通等之簡易溝通法。

八、家庭失和或子女難教怎麼辦？

縣市政府已經有開辦家庭輔導方案或脆弱家庭服務方案。可洽社會局 05 362 0900 或 113 全國保護專線提供家庭訪視、私下會談、貧困補助、急難救助、心理輔導、戒癮治療、精神治療等。

都來做到：家家無家暴、班班無霸凌、代代能安康。

貳、親子討論回答題（是非題）　（上面的線撕下來，將「貳、參」部分由學生交回給老師）

1.家人間可以亂罵，造成心理受傷也沒關係。

2.身心壓力大或脾氣不好，不必處理壓力、釋放壓力、及改善營養。

3.家暴不會造成晚輩陰影，婚姻也不受影響。

參、家長意見交流欄（請打勾）1.您覺得這張有無幫助？[ ] 無　[ ] 一半一半　[ ] 有　2.您與子女的溝通好嗎？[ ] 不好　[ ] 一半一半　[ ] 好　3.有無建議或須學校幫忙的地方？

＿＿＿＿＿＿＿＿＿簽名＿＿＿＿＿＿＿　年　月　日 您與學生的關係上是　學生的＿＿＿＿＿＿＿

預防性侵害親子學習單 （高年級與中學生版） 國立中正大學林明傑教授 編

你好，這學習單分三部分，老師宣導後交學生帶回再與家長討論填答，再由家長填意見交流欄，撕下交老師。

壹、防暴知能欄

一、 性是什麼？該怎麼看待？

性是動物界可生殖繁衍的功能，而對人類社會則有兩性互動的身心與道德的重要考驗。人類生殖器官在青春期的 13 歲成熟，但大腦在 25 歲成熟，因此，怎樣度過青春期的煩悶與擁有成熟心理很多考驗。

二、 性侵害是指什麼

性侵害是指對他人的隱私處的強制碰觸行為。隱私處包含性器官、屁股、大腿內側、胸部。性侵害罪包含強制性交罪、強制猥褻罪、不及抗拒觸摸罪。

（1）刑法 221 條規定對於男女以強暴、脅迫、恐嚇等違反意願之方法而為性交者，處三到十年徒刑。刑法 10 條規定性交是指以性器進入他人之性器、肛門或口腔或接觸。也合以性器以外的部位或物體碰觸。（2）強制猥褻罪是指強制性交以外的經抗拒仍強制碰觸隱私處行為，判 6 個月到 3 年徒刑。（3）不及抗拒觸摸罪是指乘人不及抗拒而為親吻、擁抱或觸摸其臀部、胸部或其他身體隱私處之行為者，處二年以下徒刑或併科十萬元以下罰金。

另有性騷擾，是指性侵害以外對他人實施違反意願且與性或性別有關的行為。可分兩部分。（1）與性有關行為就是的性騷擾言行，如打性騷擾電話、偷窺、要求用性來交換利益、頻用性語言滋生困擾等（2）與性別有關行為就是性別歧視的言行。這都在性騷擾防治法、性別平等教育法、性別工作平等法明定可罰款一到十萬的規定。

三、 為什麼要禁止少年性交？是因要保護少年

為保護兒童少年不受成人性引誘而性交，國家認定十六歲以下者沒有性自主權，所以刑法 227 條訂引誘性交需判刑。顧及部分為少年所犯，刑法 227-1 條訂十八歲以下之人犯前條之罪者，減輕或免除其刑。以上可知要有合法的性行為需雙方滿 16 歲且同意。但若收住 18 歲以下者而性交會依兒童少年性剝削防治條例判一年徒刑。

四、 怎樣保護子女不受網路傷害

將電腦筆電放在客廳可監督的地方／網路使用須定出時限。

五、 性侵害對被害人有什麼影響？

性侵害容易造成被害人終身嚴重的身心創傷，鼓勵接受心理諮商才會改善。會在三方面：（1）身體方面，如隱私部位疼痛、懷孕、不明的頭痛等。（2）心理方面，會呈現創傷後壓力症，如腦中閃現性侵畫面、惡夢、退縮、過度警覺與自責。而長期會有憂鬱、恐懼、焦慮、憤怒、低自信、不易信任他人等。（3）親密交往，與人群疏離／無法結交親密伴侶等。

六、 怎樣從互愛學到道德

從小我們學到要保護自己、愛己、到愛家人。但至今仍霸凌與家暴不斷。顯然人類在愛己與愛人碰到瓶頸。學習互愛才是關鍵道德。從小到大可分「學習互愛三階段」。若成長而未達者須自知眾知並鼓勵改善。

1. 　七歲前的幼兒園應學到「幼兒自保與預備小愛期」的愛護自己，以能否自我照顧來檢視，且能開始協助親友。

2. 　小學階段應學到「大愛準備與練習期」的尊重親友，以能否言行顧及親友來檢視。並準備思辨尊重任何人。

3. 　十三歲起中大學階段應學到「中大學大愛期」，體認愛人不可分親疏，以能否言行顧及所有人來檢視。

七、 怎樣預防性侵害發生

尊重自己或尊重別人哪個重要或一樣重要？當然一樣重要。不可為滿足自己好奇或性慾而傷害別人。若希望被尊重，也該要尊重別人。學習互愛才是關鍵道德。從小到大可分：1.七歲前的幼兒園應學到「幼兒自保小愛期」的愛護自己，以能否自我照顧來檢視，且能開始協助親友。2.小學階段應學到「小學學大愛期」的尊重親友，以能否言行顧及親友來檢視。並學習尊重任何人。3.十三歲起中大學階段應學到「中大學大愛期」，體認愛人不可親疏，以能否言行顧及所有人來檢視。

貳、親子討論回答題（是非題）　　　（上面的線撕下來，將「貳、參」部分由學生交回給老師）

1. 　性侵害的預防須學到法律界限與互愛的道德提升，學到須尊重所有人也不可用言行傷害別人。

2. 　性侵害造成被害人的傷害是終身的，導致很難再有穩定的交往關係與親密關係

參、家長意見交流欄（請打勾）1.您覺得這張有無幫助？〔　〕無　〔　〕一半一半　〔　〕有　2.有無建議或須學校幫忙的地方？

　　　簽名＿＿＿＿＿＿　　年　月　日　您與學生的關係上是　學生的＿＿＿＿＿＿＿＿

反職場霸凌　學習單　（職場霸凌宣導）　　國立中正大學林明傑教授 編

你好，這學習單分三部分，講者宣導後交案主帶回再與主管討論填答，再由主管填意見交流欄，撕下交講者。

壹、知能欄

一、 職場霸凌多嚴重？

yes123 求職網 2020 年做職場調查發現，有 67%的員工曾面臨職場霸凌，其中受害者有 51.7%選擇默默忍受；另外加害者最多為同事，占 75%，其次才是主管，占 50%。

二、 霸凌是什麼？哪些行為算霸凌？

勞動部將「職場霸凌」定義為在工作場所中發生的，藉由權力濫用與不公平的處罰，所造成持續性的冒犯、威脅、冷落、孤立或侮辱行為，使被霸凌者感到受挫、被威脅、羞辱、被孤立及受傷，進而折損其自信，帶來嚴重的身心壓力之行為。

目前《職業安全衛生法》第 6 條第 2 項第 3 款明定：雇主應對執行職務，因他人行為遭受身體或精神不法侵害之預防，應妥為規劃及採取必要措施。通報後應 1 個月完成調查處理。單位沒做到可罰款 15 萬元。

一般可分以下五種：

1. 肢體霸凌：如對人推擠、丟物、打殺、毀棄他物等。
2. 心理霸凌：如威脅、抹黑、嘲笑、調動、亂交代等。
3. 關係霸凌：如團體中排擠、散佈謠言私事等。
4. 性霸凌：性騷擾行為外以性或性別之不尊重行為，如稱男人婆、同性戀。性騷擾則須罰款一到十萬罰金。
5. 網路霸凌：在網路或社交平臺對人批評或排擠言語。

三、 為什麼要倡導反職場霸凌？是因要提升人性

員工會因避霸凌而出現憂鬱、焦慮以及創傷後壓力症候群（PTSD），造成請假日數增加以及降低工作生產力，同時若管理階層未積極介入阻止霸凌的發生，更會造成員工的組織承諾／忠心下降，甚至因而自殺。 可知道霸凌會造成心理嚴重的影響。 反霸凌是提升人性良善，而不應停留在有權力者可濫權，人類須都能將心比心、換位思考。

四、 霸凌是怎樣開始的？

林明傑以行為四關鍵來解析偏差行為，提出行為是：

1. 悶來的：曾有不舒服的情緒經驗，研究發現，家長嚴厲批判下的子女與有無霸凌有高相關。需協助改善創傷。

2. 學來的：研究發現家長父母未同住的破碎家庭子女與有無霸凌有高相關。家庭沒能或沒機會示範好的衝突因應行為會使少少學到尊重行為與調適困難。

3. 想來的：想法支持不尊重的想法與行為且沒有自我導正也沒人鼓勵改善偏差想法。

4. 神經營養不足或生理異常來的：美英荷蘭研究發現每日補充維他命 B 群與鈣鎂片能保護神經細胞並使之穩定，降低三分之一到一半的偏差行為。另也發現每日補充魚油也能顯著減少偏差行為。

五、 善意溝通六問句 （兩人一組 請依序對自己與對方提問以下六問句。之後討論心得並課堂說出）

1. 跟誰有什麼不舒服？
2. 自己感受是什麼？
3. 自己沒被顧到的需求是什麼？（打勾）生理、安全感、歸屬感、尊重、自由、樂趣。
4. 對方會有什麼感受？
5. 對方沒被顧到的需求是什麼？（打勾）同上。
6. 怎樣圓融雙方的不舒服？

六、 改變心態到大愛：人不可只愛自己或優先偏愛親友。若沒平等愛人則終究會有霸凌與戰亂！

七、 怎樣從互愛學到道德

尊重自己或尊重別人哪個重要或一樣重要？當然一樣重要。不可為滿足自己好奇或性慾而傷害別人。若希望被尊重，也該要尊重別人。學習互愛才是關鍵道德。從小到大可分「學習互愛三階段」。若未達者須鼓勵改善。

1.七歲前的幼兒園應學到「幼兒自保小愛期」的愛護自己，以能否自我照顧來檢視，且能開始協助親友。

2.小學階段應學到「小學學習大愛期」的尊重親友，以能否言行顧及親友來檢視。並學習尊重任何人。

3.十三歲起中大學階段應學到「中大學大愛期」，體認愛人不可分親疏，以能否言行顧及所有人來檢視。

貳、案主討論回答題（是非題）　　　　（上面的線撕下來，將「貳、參」部分由案主交回給講者）

1. 霸凌的預防須學到互愛的道德提升，所有人都須學到尊重所有人也不可用言行傷害任何人。

2. 善意溝通的第五句話是問到對方沒被顧到的需求是什麼，表示衝突雙方的需求是該被平等看待

參、主管意見交流欄（請打勾）1.您覺得這張有無幫助？﹝ ﹞無﹝ ﹞一半一半﹝ ﹞有　　2.有建議或須講者幫忙的地方

_____ 簽名_____　年　月　日 您與案主的關係上是　案主的_____